KIRSTEN COMMENDA / EVA GÜTLINGER

AUF DER REISE ZU MIR

52 Impulse für ein harmonisches Leben

Vorwort

Liebe Leserin, lieber Leser!

Mit diesem Reiseführer möchten wir Sie ein Stück weit auf der wichtigsten und aufregendsten Reise begleiten, auf die ein Mensch sich begeben kann: der zu sich selbst. Es ist ein Abenteuer, das niemals endet, solange wir leben, und sein Ziel ist, dass wir uns selbst begegnen und kennenlernen. Der Weg zu sich selbst ist für jeden Menschen ein anderer, doch jeder und jede von uns erlebt dabei die ganze Fülle menschlicher Erfahrungen – Freude, Liebe und Zufriedenheit genauso wie Schmerz, Unsicherheit und Traurigkeit. Manchmal hält das Leben eben auch Umwege oder Hindernisse für uns bereit – Herausforderungen, an denen wir wachsen können. Das muss aber keinesfalls schwer und mühsam sein! Wir können das Leben zum Abenteuer erklären, dem wir spielerisch und voller Vertrauen in unsere eigene Kraft begegnen – mit Neugier und Staunen.

Je bewusster wir unsere Schritte wählen und unsere Entscheidungen treffen, desto aktiver können wir den Weg gestalten. Und wir können beschließen, die Reise zu genießen – die Landschaft zu bestaunen, Wind, Sonne, Regen, Schnee, Hitze und Kälte als willkommene Erfahrungen zu begrüßen, und uns über den einen oder anderen Reisegefährten zu freuen.

Ein Gefährte, der uns mit Sicherheit den ganzen Weg über begleiten wird, ist unser Körper. Es macht also Sinn, sich mit ihm vertraut oder, besser noch: ihn sich zum Freund zu machen. Wenn wir ihn liebevoll behandeln und ihm zuhören, wird er zum verlässlichen, treuen und weisen Partner auf unserem Lebensweg.

Innere und äußere Haltung hängen zusammen

Bestimmt kennen auch Sie Situationen, in denen der Körper Ihr inneres Erleben widerspiegelt. Sind wir nervös, werden die Hände feucht und der Atem flach. Sind wir deprimiert, lassen wir den Kopf hängen und machen den Rücken krumm. Fühlen wir uns hingegen stolz und selbstbewusst, heben wir unser Brustbein an und richten uns auf.

Dass unsere psychischen Prozesse in das Körpergeschehen eingebettet sind, beweisen nicht nur moderne Wissenschaften wie Neurobiologie und Psychologie. Auch die altindische Lehre des Yoga weiß bereits seit

Jahrtausenden um den Zusammenhang zwischen Körper, Seele und Geist. Wir können uns dieses Wissen im täglichen Leben zunutze machen, indem wir lernen, über den Körper unsere Gedanken- und Gefühlswelt positiv zu beeinflussen. Wir können etwa am eigenen Leib erfahren, wie es sich anfühlt, eine Heldin, ein Held zu sein – standfest, unerschrocken und selbstsicher. Der Körper speichert diese Erfahrung. In den nächsten Situationen und Herausforderungen, die unseren Mut erfordern, können wir uns mit dieser Qualität verbinden und uns daran erinnern, dass wir einen heldenhaften Anteil in uns tragen.

Körperübungen und -haltungen sind eine sehr einfache und effiziente Möglichkeit, um unsere Potenziale zu entfalten. Denn unsere Glaubenssätze und Verhaltensmuster können sehr hartnäckig sein, und es bringt nicht viel, sich zum Beispiel immer wieder vorzusagen, dass man sich selbst liebt, wenn dieser Satz nicht mit dem physischen und psychischen Erleben übereinstimmt. Wenn wir uns hingegen immer wieder selbst umarmen, uns im Spiegel zulächeln und unseren Körper mit zärtlichen Berührungen verwöhnen, verankern wir das neue, positive Denkmuster nachhaltig in uns selbst und unserem Bewusstsein.

Ebenso können wir uns mithilfe des Körpers jederzeit die Weisheit des Berges, die Leichtigkeit des Schmetterlings, die Kraft des Windes und der Sonne, die Geschmeidigkeit der Katze, den Mut des Löwen oder die Fröhlichkeit eines Babys ins Leben holen.

Dieser Reiseführer lädt Sie mit 52 Impulsen dazu ein, sich mit diesen und vielen anderen Qualitäten zu verbinden, die wir alle in uns tragen. Jeder der Impulse besteht aus einer Körperübung und einem Selbstcoaching-Text, die Ihnen helfen, sich selbst besser kennenzulernen und Ihre Fähigkeiten zu entdecken und zu entfalten. So nähern Sie sich Schritt für Schritt der Harmonie zwischen Körper, Seele und Geist.

Auf dem Weg in ein harmonisches Leben

Was Harmonie für Sie bedeutet, können selbstverständlich nur Sie selbst wissen. Wir glauben, dass man für ein harmonisches Leben Ausgeglichenheit, die Integration all unserer Anteile und die Verbundenheit mit einem großen Ganzen braucht. Und natürlich dürfen Humor und Genuss nicht fehlen!

Das alles wünschen wir Ihnen – und dazu noch viel Freude, Leichtigkeit und Lebendigkeit auf Ihrer persönlichen Reise.

Kirsten Commenda & Eva Gütlinger

Inhalt

- *Klar und sicher* S. 12-19
  Übungen 1.–4.

- *Mutig und selbstbewusst* S. 20-27
  Übungen 5.–8.

- *Kraftvoll und stark* S. 28-35
  Übungen 9.–12.

- *Geschmeidig und flexibel* S. 36-43
  Übungen 13.–16.

- *Schwingend und fließend* S. 44-51
  Übungen 17.–20.

- *Optimistisch und visionär* S. 52-59
  Übungen 21.–24.

- *Verspielt und verrückt* S. 60-67
  Übungen 25.–28.

- *Lebendig und fröhlich* S. 68-75
  Übungen 29.–32.

- *Ausgeglichen und gelassen* S. 76-83
  Übungen 33.–36.

- *Entspannt und liebevoll* S. 84-91
  Übungen 37.–40.

- *Geborgen und voller Vertrauen* S. 92-99
  Übungen 41.–44.

- *Heil und ganz* S. 100-107
  Übungen 45.–48.

- *Dankbar und zufrieden* S. 108-115
  Übungen 49.–52.

Harmonie von Körper, Seele und Geist

Jeder der 52 Impulse, die Sie in diesem Reiseführer finden, enthält eine Körperübung. Viele davon sind Haltungen aus dem Yoga, der jahrtausendealten indischen Lehre über die Harmonie von Körper, Seele und Geist. Was schon die weisen Yogis wussten, wird heute von der Wissenschaft bestätigt: Innere und äußere Haltung sind untrennbar und beeinflussen sich gegenseitig.

Yoga ist ein Weg zu körperlicher Gesundheit und Stärke und ebenso eine Möglichkeit, die eigene Mitte zu finden, sich selbst zu begegnen, mentale Ausgeglichenheit zu erlangen und die Lebensfreude zu stärken. Stabilität, Leichtigkeit und Entspannung sind wichtige Grundprinzipien des Yoga. Wenn unsere Körperhaltung diesen Prinzipien folgt, hat das langfristig auch Auswirkungen auf unsere Einstellung sowie auf unser Denken und Handeln im Alltag.

Die **Körperübungen** sind bewusst einfach gewählt. Da jeder Körper anders ist, bitten wir Sie, Ihre eigenen Grenzen zu wahren. Sie sollten sich weder über- noch unterfordern. Es geht im Yoga nicht um sportliche Leistungen, sondern vor allem darum, sich selbst zu spüren und den Körper mit Freude zu bewohnen. Wir laden Sie daher auch ein, die Übungen spielerisch anzugehen und vielleicht sogar Ihre ganz individuellen Haltungen zu erfinden – schließlich ist es Ihr persönlicher Weg!

Die **Atemübungen** sollten sanft und sehr achtsam ausgeführt werden, denn Atem und Psyche sind eng miteinander verbunden. Auch hier bitten wir Sie, ganz bewusst auf Ihr Wohlbefinden zu achten und die Übungen in dem Maß durchzuführen, das Ihnen persönlich guttut.

Mudras sind Handgesten, die zur Heilung und zur Unterstützung innerer Prozesse eingesetzt werden. Sie verbinden die Energiebahnen unserer Hände und Finger, und jede dieser symbolischen Gesten trägt eine bestimmte Schwingung. Auch diese »Fingeryoga-Übungen« können Sie jederzeit und überall ausführen – sie haben eine erstaunliche Wirkung! Probieren Sie es aus und lassen Sie sich überraschen.

Jeder Text enthält – farbig hervorgehoben – auch einen Impuls zur Auseinandersetzung mit sich selbst, ein **Selbstcoaching**. Dabei gehen wir davon aus, dass es kein Richtig oder Falsch gibt, denn jeder Mensch ist individuell und anders. Wir alle haben in jedem Augenblick die Möglichkeit (und die Fähigkeit!) etwas zu verändern.

Das Leben hält für jeden von uns viele unterschiedliche Herausforderungen bereit. Wenn wir sie als Chancen für unser Wachstum willkommen heißen, können wir sie mit Zuversicht und zunehmender Leichtigkeit bewältigen, anstatt Widerstand zu leisten und so von negativen Emotionen regiert zu werden. Dieser Reiseführer liefert Ihnen einige Anregungen und lädt Sie dazu ein, Ihre inneren Schätze sowie verborgenen Stärken zu entdecken, und auf diese Weise sich selbst immer besser kennenzulernen.

Auf die **Fragen**, die Ihnen in den Texten begegnen, müssen Sie nicht unbedingt sofort eine Antwort wissen. Vertrauen Sie darauf, dass allein die Fragestellungen einen inneren Prozess in Ihnen auslösen können, der neue Entwicklungen ermöglicht. Vielleicht möchten Sie sich mit einigen Themen auch ausführlicher beschäftigen. Schreiben Sie Ihre Assoziationen und Empfindungen dazu auf, möglichst spontan und ohne sich viele Gedanken über Formulierungen und Grammatik zu machen. Auf diese Weise können Sie einen noch intensiveren Klärungsprozess anstoßen.

Ihre Antworten können sich natürlich im Laufe der Zeit verändern. Legen Sie daher Ihre Notizen einige Tage zur Seite und lesen Sie sich Ihre Aufzeichnungen dann erneut durch – Sie werden Ihre persönliche Entwicklung deutlich erkennen können.

Auf den **Fotoseiten** finden Sie **Affirmationen**, die die positiven Haltungen verankern. Sie können den Aufsteller mit der für Sie gerade wichtigsten Seite auf Ihren Schreibtisch oder an einen anderen Platz stellen, an dem Sie ihn immer wieder im Blickfeld haben. Noch tiefer verfestigen Sie die Affirmationen, wenn Sie sie sich immer wieder laut oder innerlich vorsagen. Dadurch verändern Sie auch Ihre innere Einstellung und unterbewusste Ausrichtung.

So können Sie diesen Reiseführer benutzen

Suchen Sie jede Woche einen anderen Impuls aus, wobei Sie die Reihenfolge selbst bestimmen. Sie können auch aus dem Inhaltsverzeichnis jenen Aspekt auswählen, der Ihnen im Moment am meisten zusagt. Oder Sie folgen einfach Ihrer Intuition und schlagen »ganz zufällig« eine Seite auf.

Wenn Sie eine Übung öfter wiederholen, geben Sie Ihrem Körper und Ihrem Geist die Möglichkeit, die entsprechende Qualität zu erfahren und abzuspeichern. In Alltagssituationen, in denen bestimmte Fähigkeiten gefordert sind, genügt es dann, sich an die jeweilige Körpererfahrung zu erinnern, ohne dass Sie die Übung in dem Moment tatsächlich praktisch ausführen müssen.

Ist Ihre Stimmung am frühen Morgen nicht gerade die beste? Dann erinnern Sie sich daran, wie es sich anfühlt, das Gesicht der Sonne zuzuwenden! Stapelt sich wieder einmal die Arbeit auf Ihrem Schreibtisch? Dann wecken Sie den Adler in sich, der das Leben von oben betrachtet! Fühlen Sie sich vor einem wichtigen Gespräch etwas mutlos oder unsicher? Dann verbinden Sie sich mit dem Helden, der Heldin in Ihnen oder lassen Sie sich tiefe Wurzeln wachsen wie ein starker, aufrechter Baum!

Das alles dauert nicht länger als ein paar Sekunden, kann aber einen entscheidenden Unterschied darin machen, wie Sie Ihren Alltag erleben und meistern.

Sie können auch immer wieder die verschiedenen Mudras einsetzen, die Sie in diesem Reisebegleiter finden. Schon ein paar Minuten in einer dieser Handhaltungen können viel bewirken. Das Halten der Mudras ist einfach und in vielen Situationen möglich: ob im Zug, im Wartezimmer, im Meeting, vor dem Aufstehen oder am Abend vor dem Einschlafen.

Auch über den Atem können Sie Ihre Achtsamkeit und Lebendigkeit stärken, denn er verbindet uns mit dem natürlichen Fluss des Lebens. Bereits ein paar bewusste Atemzüge rufen eine Veränderung unserer Wahrnehmung hervor, und diese wunderbare Möglichkeit steht Ihnen in jedem Augenblick zur Verfügung!

Die 52 Anregungen sind 13 Kapiteln zugeordnet, wie Sie in der Übersicht sehen. Denn jedes Jahr kann – neben den zwölf kalendarischen Monaten – auch in 13 Mondmonate eingeteilt werden. Diese Einteilung steht im Einklang mit den natürlichen Rhythmen und Zyklen der Natur und auch des Menschen. Und so widmet dieser Reisebegleiter jeweils vier Übungen einer bestimmten Eigenschaft oder Einstellung. Zusammen ergeben diese eine innere Landkarte, mit der eine harmonische Gestaltung des Lebens möglich ist. Klarheit, Mut und Kraft gehören genauso dazu wie Geschmeidigkeit, Optimismus und die Fähigkeit, verspielt und fröhlich zu sein. Ebenso Gelassenheit, ein liebevoller Umgang mit sich selbst und Vertrauen darauf, dass unsere Erfahrungen einen größeren Sinn ergeben, auch wenn uns dieser oft erst im Nachhinein klar wird. Wir können Heilung und Ganzheit erfahren, indem wir auf die Stimme unseres Herzens hören. Und schließlich erleben wir das Leben als Geschenk, wenn wir eine Haltung der Dankbarkeit einnehmen.

Einklang und Lebensfreude

Die von uns vorgeschlagene Auseinandersetzung mit inneren und äußeren Haltungen, mit Spiritualität und Seele, mit Körperbewusstsein und Denkmustern muss weder schwer noch anstrengend sein. Ganz im Gegenteil: Wir möchten Sie mit mit den folgenden Übungen und Texten motivieren, sie zum angenehmen, lustvollen und spielerischen Teil Ihres persönlichen Tagesablaufs zu machen. Die Freude am Sein und am eigenen Wachstum macht neue und positive Schritte auf der Reise unseres Lebens möglich. Es gibt weder Noten noch Bewertungen. Verzichten Sie auf Perfektionismus. Wie schon gesagt: Es gibt kein Richtig oder Falsch, nur ein achtsames Erleben, Erfahren, Fühlen und Lernen.

1.–4. Klar und sicher

✦ Was gibt Ihrem Leben Stabilität?

✦ Welche Lebensbereiche brauchen Klärung?

✦ Gelingt es Ihnen, »Stopp« zu sagen und sich abzugrenzen?

Unser Körper ist die Grundlage unseres Lebens im Hier und Jetzt. Er verankert uns in der Präsenz und gibt uns Stabilität. Wenn diese Sicherheit manchmal ins Wanken gerät, nehmen wir wieder Kontakt zu unserer Basis auf, bringen Klarheit in unser Leben und setzen bewusst Grenzen.

Klar und sicher dem Leben Stabilität geben.

5.–8. *Mutig und selbstbewusst*

❋ Sind Sie die Heldin/der Held Ihres eigenen Lebens?

❋ Können Sie zu Ihrer eigenen Wahrheit stehen?

❋ Wie nehmen Sie Ihren Raum ein?

Manchmal brauchen wir viel Mut, um ganz zu uns selbst zu stehen. So manche Anforderung von außen lässt uns an uns selbst und an unseren Fähigkeiten zweifeln – oder vielleicht sogar aufgeben. Doch wenn wir uns selbstbewusst mit unseren Stärken und unseren Überzeugungen verbinden, wird jede Aufgabe zur willkommenen Herausforderung und zum Abenteuer.

Mutig und selbstbewusst dem Abenteuer Leben begegnen.

9.–12. *Kraftvoll und stark*

❋ Worin liegt Ihre größte Kraft?

❋ Wie spüren Sie Standfestigkeit und Stärke?

❋ Was möchten Sie mit Ihrer einzigartigen Kreativität ins Leben bringen?

Große Taten verlangen manchmal auch große Anstrengungen. Im Tun können wir unsere eigene Kraft erfahren, können spüren, wie viel Ausdauer und Stärke wir zur Verfügung haben. Standfestigkeit, innere Ruhe, Neugier und Beharrlichkeit machen sehr vieles möglich.

Kraftvoll und stark den eigenen Weg gehen.

13.–16. *Geschmeidig und flexibel*

❋ Wie beweglich und anpassungsfähig fühlen Sie sich?

❋ Können Sie auch in schwierigen Zeiten gute Laune bewahren?

❋ Wie gelingt es Ihnen, Ihre verschiedenen Lebensbereiche miteinander zu verbinden?

Das Leben ist ganz schön bunt, und das macht es schließlich auch interessant. Manche Tage – oder gar Wochen – würden wir aber lieber aus dem Kalender streichen. Eine positive Einstellung ist jedoch auch in solchen Phasen möglich. Mit Vertrauen und Flexibilität machen wir das Beste aus allem, was das Leben uns bringt.

Geschmeidig und flexibel auf positive Entwicklungen vertrauen.

17.–20. Schwingend und fließend

- Können Sie den Fluss des Lebens spüren?
- Ist Ihnen gerade mehr nach Öffnung oder nach Rückzug zumute?
- Wie können Sie sich mit der natürlichen Abfolge von Aufnehmen und Loslassen verbinden?

Unser Leben besteht aus verschiedenen Rhythmen und Zyklen. Je mehr wir mit diesen verbunden sind, desto mehr sind wir im Einklang. Wir können lernen, mit dem, was das Leben uns anbietet, im Fluss zu sein, und gleichzeitig unsere eigenen Bedürfnisse wahrzunehmen und zu achten. So bleiben wir in Bewegung und bringen Innen und Außen in Harmonie.

Schwingend und fließend im Einklang mit dem Leben sein.

21.–24. Optimistisch und visionär

- Welche großen Ziele haben Sie?
- Wie sieht Ihr Leben aus der Vogelperspektive aus?
- Für welche positive Ausrichtung können Sie sich bewusst entscheiden?

Optimismus ist die Entscheidung, bewusst die positiven Seiten einer Situation wahrzunehmen. Dies verändert in der Folge auch unser Erleben und beeinflusst unser Handeln. Mit etwas Überblick, guter Vorbereitung und einer klaren Ausrichtung rücken auch große Ziele in greifbare Nähe.

Optimistisch und visionär meine Ziele realisieren.

25.–28. Verspielt und verrückt

- Können Sie Ihr Leben in vollen Zügen genießen?
- In welchen Situationen spüren Sie pure Lebenslust?
- Wie wäre es, sich in sich selbst zu verlieben?

Verantwortung, Pflichten und Aufgaben prägen unseren Alltag. Genuss und pure Lebenslust bleiben da oft auf der Strecke, und wir nehmen uns kaum Zeit, auch einmal etwas Verrücktes zu tun. Dabei ist die Süße des Lebens in kleinen Dingen erfahrbar. Wenn wir sie bewusst immer wieder einladen, entwickeln wir spielerische Lebensfreude.

Verspielt und verrückt das Leben genießen.

29.–32. Lebendig und fröhlich

✦ In welchen Situationen fühlen Sie sich ganz und gar lebendig?

✦ Möchten Sie fröhlich durchs Leben tanzen?

✦ Können Sie vergnügt wie ein Baby Ihren Körper neu entdecken?

Wir müssen nicht immer alles wissen oder können. Im Gegenteil: Wenn wir das Leben als Tanz begreifen, bei dem es gar nicht darum geht, Schritte und Figuren zu kennen, stellt sich Leichtigkeit ein. Statt die Dinge schwerzunehmen, können wir Vergnügtheit und Zufriedenheit mit unserem puren Sein entwickeln.

Lebendig und fröhlich das Leben feiern.

33.–36. Ausgeglichen und gelassen

✦ Gibt es Situationen, in denen Sie sich mehr Gelassenheit wünschen?

✦ Was ändert sich, wenn Sie sich einen Moment Zeit nehmen, um tief durchzuatmen?

✦ Wie sieht die Welt mit einem Blick aus dem Herzen aus?

Manchmal, wenn uns die Fülle unserer Aufgaben überfordert, tut es gut, es einfach mal sein zu lassen, innezuhalten und durchzuatmen. Ein liebevoller Blick aus dem Herzen, und die bewusste Verbindung zur Erde und zum Himmel bringen Ausgeglichenheit und neue Sichtweisen.

Ausgeglichen und gelassen die Welt in Harmonie wahrnehmen.

37.–40. Entspannt und liebevoll

✦ Wann haben Sie zuletzt einfach einmal nichts getan?

✦ Was bereitet Ihnen den größten Genuss?

✦ Wie kann sich Ihr Kopf am besten entspannen?

Pause machen, dem Kopf eine Auszeit gönnen und die innere Hängematte aufhängen – das ist nicht nur im Urlaub möglich. Augenblicke der Entspannung, in denen wir uns erlauben, einmal richtig faul zu sein, werden zur Quelle, aus der wir wieder neue Kraft schöpfen können.

Entspannt und liebevoll ganz im Moment sein.

41.–44. Geborgen und voller Vertrauen

✦ Worauf können Sie vertrauen?

✦ Spüren Sie Ihr Eingebundensein in ein größeres Ganzes?

✦ Möchten Sie manchmal einfach abtauchen?

Nicht immer spielt das Leben ganz nach unseren Wünschen. Und doch sind wir immer eingebunden in ein größeres Gefüge, in dem wir einen wichtigen Platz einnehmen. Alles hat einen Sinn, auch wenn wir es nicht immer gleich erkennen. Aus der Zuversicht und dem Vertrauen erwachsen wieder neue Möglichkeiten.

Geborgen und voller Vertrauen Teil eines größeren Ganzen sein.

45.–48. Heil und ganz

✦ Was wünscht sich Ihr Herz am meisten?

✦ Können Sie Ihre innere Stimme hören?

✦ Vertrauen Sie darauf, dass Heilung geschieht?

Unser Herz ist das Zentrum unserer Gefühle. Es trägt ebenso große Sehnsüchte wie Narben und besitzt die Fähigkeit, sich selbst und andere zu heilen. Wenn wir lernen, all unsere Gefühle anzunehmen, unsere innere Stimme zu hören und entsprechend zu handeln, dann sind wir auf dem besten Weg zur Ganzheit.

Heil und ganz verbunden mit der Weisheit des Herzens.

49.–52. Dankbar und zufrieden

✦ Wofür können Sie wahrhaft dankbar sein?

✦ Worin erkennen Sie das Wunder des Lebens?

✦ Was ist das größte Geschenk für Sie?

Jeder Tag und jede Stunde schenken uns neue Möglichkeiten und wichtige Erfahrungen. Wenn wir für diese Fülle empfänglich und offen sind, können wir dem Leben zulächeln und Dankbarkeit empfinden. Mit dieser Einstellung laden wir immer mehr positive und schöne Erfahrungen ein.

Dankbar und zufrieden das Leben als Geschenk erkennen.

Mit meiner stabilen Basis verwirkliche ich meine Träume.

1. Stabile Basis

Der Heldensitz

Knien Sie sich auf den Boden und setzen Sie sich zwischen Ihre Unterschenkel, wobei die Knie eng beisammen sind und die Zehen nach hinten zeigen. Richten Sie Ihren Rücken auf und schieben Sie bei Bedarf ein Kissen unter das Gesäß. Sie sollten bequem sitzen, damit Sie entspannen und loslassen können. Falls Sie Probleme mit den Knien haben, nehmen Sie eine für Sie angenehmere Sitzposition ein, zum Beispiel den Schneider- oder den Fersensitz.

Zunächst liegen Ihre Hände mit den Handflächen nach oben auf den Oberschenkeln. Nach einigen bewussten Atemzügen bringen Sie die Arme über den Kopf, verschränken die Finger und drehen die Handflächen nach oben. Bleiben Sie in den Schultern völlig entspannt und lassen Sie Ihren Atem fließen.

Fühlen Sie, wie die stabile Basis Ihres Beckens Sie trägt, während Ihre Hände sich zum Himmel strecken?

Der Heldensitz dehnt die Oberschenkel, bringt Erleichterung für müde Beine und vermittelt Klarheit und Stabilität.

Haben Sie Visionen und Träume? Tragen Sie manchmal sogar den Kopf in den Wolken? Genau dort sollten wir ihn ab und zu auch haben, damit wir die Abenteuer des Lebens kreieren können. Um all das, wovon wir träumen, auch zu verwirklichen, brauchen wir allerdings zuerst eine stabile Basis. Mit den Füßen am Boden haben wir einen guten Ausgangspunkt, um losgehen zu können.

Ein stabiles Fundament entscheidet darüber, wie und ob wir unsere Ziele erreichen. Daher ist es wichtig und gut, sich diese Basis immer wieder bewusst zu machen.

Was gibt Ihnen Stabilität und eine sichere Basis? Was bleibt, auch wenn Sie neue Wege gehen?

Schaffen Sie sich eine Basis, von der Sie gerne loslegen. Wenn das Fundament stark ist, können Sie alles, was kommt, mit Freude annehmen.

Machen Sie sich zuerst bewusst, was Ihnen Stabilität verleiht, und lassen Sie dann Ihren Träumen Flügel wachsen.

2. Mich reinigen und klären

Apan Mudra

Nehmen Sie eine entspannte Haltung ein – im Sitzen oder im Liegen. Legen Sie Daumen, Mittelfinger und Ringfinger jeder Hand sanft aneinander. Ihr kleiner Finger und Ihr Zeigefinger sind ausgestreckt. Lassen Sie den Atem ganz natürlich fließen, während Sie die Mudra einige Minuten lang halten. Wenn Sie möchten, können Sie dabei die Augen schließen und sich vorstellen, wie Schlacken, Giftstoffe und alles Schädliche in den Boden abfließen. Die Erde nimmt alles auf und transformiert es. So wird Ihr Körper völlig gereinigt.

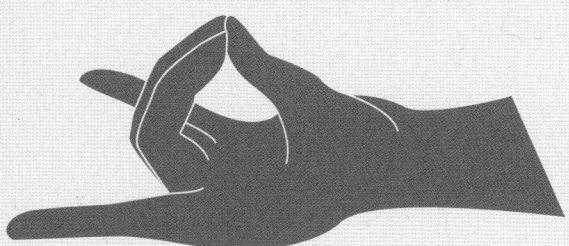

Die Apan Mudra hilft, Abfall- und Giftstoffe auszuleiten und unterstützt uns dabei, unsere Visionen für die Zukunft zu klären und zu schärfen.

Eindrücke, Gespräche, Ideen und auch Sorgen und Ängste: Wir sammeln ganz schön viel an im Verlauf eines Tages. Wenn der Kopf dann abends voll ist, ist es schwierig, abzuschalten. Manches drückt, belastet und beschwert.

Mit dem inneren Speicher ist es so ähnlich wie mit dem Kleiderschrank: Manchmal ist es wichtig, auszuräumen und Ordnung zu schaffen. Was für ein gutes Gefühl ist es doch, wenn die alten Sachen endlich weg sind!

Werfen Sie einen Blick in Ihren inneren Kleiderschrank: Welchen Bereich würden Sie gerne ausmisten? Welche Gefühle oder Eindrücke dürfen verabschiedet werden und aus Ihrem Leben gehen? Was möchten Sie gerne loslassen?

Übrigens bedeutet ausmisten und reinigen nicht nur Arbeits- und Zeitaufwand, sondern es kann auch ziemlich Spaß machen! Freuen Sie sich auf das Gefühl der Erleichterung, das sich dadurch einstellt. Schon allein die Vorstellung des gewonnenen Platzes und der neuen Möglichkeiten, die sich dann bieten, motiviert!

Nutzen Sie das Händewaschen und Duschen dazu, alle Gedanken und Eindrücke abzuwaschen, die Sie nicht mehr brauchen. Ihre innere Absicht genügt, um sich auf diese Weise zu reinigen und zu klären.

3. »Stopp« sagen

Der Drehsitz

Setzen Sie sich mit ausgestreckten Beinen auf den Boden und richten Sie Ihren Oberkörper auf. Heben Sie das rechte Bein über das linke und stellen Sie den rechten Fuß außen neben den linken Oberschenkel. Führen Sie nun den linken Fuß zur rechten Gesäßhälfte, die Zehen zeigen nach hinten. Führen Sie einatmend beide Arme nach oben und ziehen Sie die Wirbelsäule lang. Drehen Sie sich dann ausatmend nach rechts hinten. Stützen Sie sich mit der rechten Hand hinter dem Rücken ab. Der linke Unterarm ist senkrecht und die linke Handfläche offen, der linke Ellbogen drückt von außen leicht gegen das rechte Knie. Mit jedem Atemzug schrauben Sie sich weiter in die Länge und in die Drehung. Nach einigen Atemzügen lösen Sie die Stellung und spüren nach, bevor Sie die Seiten wechseln.

Fühlen Sie, wie Sie aufrecht, flexibel und gleichzeitig völlig klar im Augenblick präsent sein können?

Der Drehsitz macht geschmeidig, vitalisiert die Wirbelsäule, fördert die Verdauung und vermittelt ein Gefühl für die eigenen Grenzen.

Nur wenn wir uns anpassen und flexibel sind, können wir im Einklang mit unserer Umwelt leben. Aber es gibt auch Grenzen! Wo verbiegen wir uns zu sehr?

Zu wissen, wo unsere Grenzen liegen, verleiht Klarheit und Sicherheit. Und selbst wenn wir schon über eine Grenze hinausgegangen sind und uns zu weit verdreht haben – sobald wir es bemerken, haben wir immer die Möglichkeit »Stopp!« zu sagen und uns wieder in unsere eigene Richtung zu drehen.

In welcher Situation haben Sie Ihre Grenzen überschritten und sich zu weit verdreht? Wie können Sie Ihr »Stopp!« ausdrücken, um wieder Ihre eigene Richtung zu finden?

Sich selbst zu achten bedeutet, die eigenen Grenzen zu wahren und gleichzeitig achtsam mit den Grenzen anderer umzugehen.

Ein klares »Stopp!« wirkt auch, wenn Sie es nur innerlich aussprechen. Mit dieser Grenzziehung verändern Sie Ihre Ausstrahlung – und darauf reagiert wiederum Ihre Umgebung.

4. In der Präsenz

Haltung der Präsenz

Kommen Sie in die Grätsche und drehen Sie Ihre Füße leicht nach außen. Spüren Sie, wie Ihre Fußsohlen fest am Boden verankert sind. Ziehen Sie Ihren Nabel gedanklich Richtung Wirbelsäule. Nun beugen Sie die Knie und senken Ihr Becken Richtung Boden. Stellen Sie sich an Ihrem Steißbein ein schweres Gewicht vor, das Sie nach unten zieht. Heben Sie Ihre Arme seitlich und winkeln Sie die Ellbogen an. Ihre Handflächen zeigen nach vorne, Ihre Finger sind aktiv gespreizt, die Schultern entspannt. Richten Sie Ihren Blick bewusst nach vorne und atmen Sie ganz tief ein und aus.

Spüren Sie, wie Sie offen, authentisch und gleichzeitig völlig furchtlos sein können, wenn Sie mit Ihrem ganzen Sein präsent sind?

Die Haltung der Präsenz kräftigt die Arme und die Beine, öffnet die Hüften und vermittelt eine unerschütterliche Offenheit.

Menschen, die völlig präsent im Hier und Jetzt sind, haben eine besondere Ausstrahlung. Sie sind ganz da, angekommen in der Gegenwart, im jetzigen Augenblick. Sie strahlen ruhige Spannung, Offenheit und vertrauensvolle Kraft aus.

Wir können unsere Präsenz und Ausstrahlung auch bewusst stärken, indem wir einfach sind. Genau da, wo wir uns befinden. Genau so, wie wir sind. Mit allem, was und wer wir sind. Wenn wir uns das bewusst machen, sind wir in unserer vollen Präsenz.

In welchen Situationen sind Sie voll und ganz präsent? Können Sie diese Präsenz auch auf eine andere Lebenssituation übertragen, in der Ihnen das nicht so leichtfällt?

Wenn Sie bewusst »Ja!« sagen zu dem, was gerade ist, sind Sie präsent. Eine Entscheidung für das Hier und Jetzt verleiht Kraft und Sicherheit.

Richten Sie sich auf und nehmen Sie Ihre Präsenz ganz bewusst wahr. Probieren Sie die stärkende Wirkung einer aufrechten und Raum einnehmenden Haltung in verschiedenen Alltagssituationen aus.

5. Heldenhaft im Alltag

Die heldenhafte Haltung

Kommen Sie mit den Beinen in die Grätsche, drehen Sie Ihren linken Fuß nach vorne und den rechten etwas nach innen. Drücken Sie Ihre Fußsohlen fest in den Boden, der Oberkörper ist über dem Becken ausgerichtet. Breiten Sie kraftvoll die Arme in Schulterhöhe aus, wobei die Handflächen nach unten zeigen. Nun beugen Sie das linke Knie, sodass es sich genau oberhalb des Fußgelenks befindet. Mit jedem Ausatmen ziehen Sie Ihr Steißbein nach unten und sinken tiefer in die Stellung. Mit jedem Einatmen machen Sie Ihren Rücken nach oben lang und ziehen die Fingerspitzen auseinander. Richten Sie den Blick über den vorderen Mittelfinger in die Unendlichkeit. Fühlen Sie, wie Ihnen diese Haltung Kraft, Souveränität und Weitblick verleiht? Nach ein paar Atemzügen lösen Sie die Stellung und wechseln die Seiten. Dazwischen können Sie Ihren Oberkörper in der Grätsche »aushängen« lassen.

Die heldenhafte Haltung gibt neue Energie, vermittelt Mut und Weitblick, kräftigt die Beine und öffnet Brustkorb sowie Hüften.

Wir können unser alltägliches Leben als langweilig betrachten – oder aber uns wie stolze Helden und Heldinnen fühlen, die ein Abenteuer bestehen. Große und kleine Herausforderungen begegnen uns. Oft sind es ganz alltägliche Situationen, in denen uns nicht besonders heldenhaft zumute ist – sei es vor dem Termin mit der Chefin, im Vorstellungsgespräch, beim Treffen mit dem Vermieter oder wenn wir allein auf Reisen gehen.

Gerade dann brauchen wir Selbstsicherheit, um den Herausforderungen heldenhaft begegnen zu können.

Erinnern Sie sich an eine Situation, in der Sie besonders mutig waren? Was hat Ihnen dabei geholfen, diesen Mut zu zeigen?

Alles, was wir schon einmal gekonnt haben, können wir wieder nutzen. Wir brauchen uns nur daran zu erinnern, wie mutig wir sind.

Sie können in jeder Situation eine Heldin oder ein Held des Alltags sein. Erinnern Sie sich an all Ihre positiven Eigenschaften!

6. Mich dem Leben stellen

Stellung des Kriegers

Kommen Sie in einen stabilen Stand und machen Sie mit dem rechten Fuß einen großen Schritt nach hinten. Becken und Oberkörper sind nach vorne ausgerichtet. Ziehen Sie Ihr Steißbein nach unten und heben Sie Ihr Brustbein an. Beugen Sie nun das linke Knie und richten Sie es genau über dem Fußgelenk aus – achten Sie darauf, dass es nicht nach innen kippt. Mit dem Einatmen heben Sie die Arme über den Kopf, der Blick geht leicht nach oben, die Schultern bleiben locker. Machen Sie sich nach oben lang, und sinken Sie mit dem Becken tiefer in die Position. Öffnen Sie Ihren Brustbereich Richtung Himmel. Spüren Sie, wie die Kraft Ihrer Beine Ihnen Halt und Mut gibt und wie Sie sich dadurch beherzt öffnen können?

Bevor Sie die Seite wechseln, können Sie Ihren Oberkörper ein paar Atemzüge lang in der Grätsche »aushängen« lassen.

Die Stellung des Kriegers stärkt Füße und Beine, kräftigt den Rücken und gibt ein Gefühl von Standfestigkeit und Kraft.

Es gibt keine Herausforderung, die zu groß für uns sein kann. Wir sind stark genug, um all das zu bewältigen, was uns das Leben bringt. Wenn wir auch nicht immer beeinflussen können, was wir erleben, so können wir doch jederzeit die Art und Weise steuern, wie wir damit umgehen.

Manchmal geraten wir ins Wanken, manchmal erscheinen uns Situationen ausweglos. Doch egal, was wir gerade erfahren, unsere innere Stärke ist immer vorhanden. Wir haben mit Sicherheit alle Fähigkeiten, um unser Leben zu meistern. Wenn wir uns unserer Kraft bewusst werden, können wir sie nutzen.

Worin besteht Ihre Kraft?
Wie können Sie diese Kraft
am besten einsetzen?

Auch schwierige Situationen gehören zum Leben. Sie fordern uns heraus, Stärke zu entwickeln und geben uns die Chance, unsere Kraft kennenzulernen.

Wenn Sie sich Ihre innere Stärke bewusst machen, ist jederzeit und überall ein mutiger Schritt möglich.

7. Die Wahrheit sagen

Der Löwe

Kommen Sie in den Fersensitz, legen Sie die Hände auf die Oberschenkel, schließen Sie die Augen und sammeln Sie sich innerlich. Öffnen Sie die Augen wieder und atmen Sie tief ein. Während des Ausatmens machen Sie mit dem Oberkörper einen Satz nach vorne und stützen sich mit den Händen auf. Gleichzeitig strecken Sie die Zunge weit aus dem Mund, rollen mit den Augen und geben ein Brüllen oder einen Knurr- oder Zischlaut von sich. Mit dem Einatmen kehren Sie zurück in den Fersensitz. Wiederholen Sie die Übung einige Male, jeweils mit ein paar Zwischenatmungen.

Merken Sie, wie es mit jedem Mal leichter wird, sich zu diesem ungewöhnlichen Verhalten zu überwinden? Bekommen Sie Lust darauf, öfter Ihre wilde Kraft »hinauszubrüllen«?

Der Löwe löst Anspannungen in Gesicht und Kiefer. Er hilft uns, unsere wilde und animalische Seite zu entdecken und schenkt uns Mut für neue Verhaltensweisen sowie Spontaneität.

Zur eigenen Wahrheit zu stehen und ehrlich zu sein, erfordert viel Mut, denn es ist nicht immer leicht, die innersten Gewissheiten auszusprechen. Wir könnten jemanden verärgern, verletzen oder verlieren, haben Angst, anzuecken oder einfach nicht mehr dazuzupassen.

Wenn wir unsere eigene Wahrheit kennen, dann will sie sich auch äußern, selbst wenn sie weder angepasst noch schön sein mag. Sie ist etwas sehr Persönliches und wenn wir sie aussprechen, drücken wir dadurch unser Wesen aus.

Welche innere Wahrheit möchten Sie ausdrücken?
Welche Befürchtungen haben Sie dabei?

Natürlich geht es nicht darum, die eigenen Überzeugungen um jeden Preis zu verbreiten. Schließlich muss unsere Haltung nicht unbedingt auch die unserer Umgebung sein. Wenn wir allerdings unsere innerste Gewissheit kennen, sind wir ihr auch verpflichtet.

Sprechen Sie Ihre persönliche Wahrheit zuerst für sich selbst aus. Das allein stärkt Sie und macht mutige Entscheidungen möglich.

8. Mir Raum nehmen

Die Aura aufladen

Kommen Sie in die Grätsche und drehen Sie die Füße leicht nach außen. Ziehen Sie Ihr Steißbein sanft nach vorne und spüren Sie für ein paar Atemzüge die stabile Basis Ihres Körpers – Ihre Füße und Ihr Becken. Dann führen Sie während des Einatmens die gestreckten Arme seitlich über den Kopf, bis sich Ihre Handflächen berühren. Achten Sie darauf, dass Ihre Schultern entspannt bleiben. Atmen Sie in dieser Position aus. Mit dem Einatmen senken Sie die Arme wieder seitlich ab. Atmen Sie aus und wiederholen Sie die Übung einige Male. Mit der Aufwärtsbewegung der Arme können Sie sich vorstellen, wie Sie Ihre Aura mit Erdenergie aufladen. Wenn Sie die Arme abwärts bewegen, stellen Sie sich vor, wie Ihre Aura sich mit der Energie des Himmels füllt. Spüren Sie der Übung einige Atemzüge lang mit geschlossenen Augen nach.

Können Sie Ihre Ausdehnung im Raum wahrnehmen?

Dieser Bewegungsablauf vitalisiert, stärkt und schafft Bewusstheit für unsere Verbindung mit dem Kosmos.

Haben Sie einen Raum für sich?

Auch wenn es in Ihrer Wohnung oder in Ihrem Haus keinen Raum für Sie allein geben sollte, Sie haben dennoch immer einen Raum für sich zur Verfügung: den in Ihnen selbst und um Sie herum. Sie hören nicht an den Grenzen Ihres Körpers auf, Ihre Ausstrahlung geht weit darüber hinaus.

Den Raum um Sie herum können Sie in verschiedener Art und Weise aufladen. Wenn Sie zum Beispiel ganz bewusst positive Gedanken und Vorstellungen in diesen Raum fließen lassen, stärken Sie Ihre Energie innerlich und äußerlich.

Wie fühlt sich der Raum um Sie herum jetzt gerade an? Können Sie diesen Raum bewusst mit positiver Energie aufladen?

Übrigens reicht schon ein optimistischer oder ermutigender Gedanke, um Ihren Raum positiv zu energetisieren.

Nehmen Sie auch in schwierigen Situationen ganz bewusst Ihren Raum ein. Wenn Sie Ihre Ausdehnung spüren und stärkende Gedanken in diesen Raum schicken, wird sich das auch auf Ihre direkte Umgebung auswirken.

9. Standfest wie ein Baum

Der Baum

Stellen Sie Ihre Füße hüftbreit auf den Boden und ziehen Sie Ihr Steißbein sanft nach vorne. Lassen Sie in Ihrer Vorstellung aus den Fußsohlen Wurzeln in den Boden wachsen – mit jedem Ausatmen tiefer. Mit jedem Einatmen nehmen Sie nährende Energie aus der Erde in sich auf. Nun verlagern Sie Ihr Gewicht auf das linke Bein und legen den rechten Fuß an dessen Innenseite. Führen Sie das rechte Knie so weit wie möglich zur Seite, während Sie Fußsohle und Bein sanft gegeneinander drücken. Legen Sie Ihre Handflächen über Ihrem Kopf aneinander. Fixieren Sie einen Punkt in der Ferne oder schräg vor sich auf dem Boden, um Ihren Stand zu stabilisieren. Verweilen Sie mehrere tiefe Atemzüge lang in dieser Stellung und »wachsen« Sie, bevor Sie die Seite wechseln.

Spüren Sie, wie sich Zentriertheit und kraftvolle Ruhe entfalten können?

Die Baumstellung kräftigt die Beine, öffnet die Hüften und den Brustraum und fördert das Gleichgewicht. Sie vermittelt innere Ruhe und Verwurzelung.

Das Leben ist ein Abenteuer – klingt schön, oder?

Doch manchmal fällt es uns schwer, das so zu sehen. Nämlich immer dann, wenn uns der Wind scharf ins Gesicht bläst und wir das Gefühl haben, den Boden unter den Füßen zu verlieren. Wir fühlen uns instabil, und was wir für sicher gehalten haben, zerrinnt uns zwischen den Fingern.

Was uns in so einer Situation Stress macht, ist vor allem das Gefühl, dass etwas falsch läuft. Es ist nicht leicht für uns, anzunehmen, dass auch schwierige Lebensphasen wichtig für unsere Entwicklung sind. Doch sie sind eine gute Gelegenheit, uns auf die eigenen Wurzeln zu besinnen.

Was verwurzelt Sie im Leben?
Gibt es bestimmte Tätigkeiten, mit denen Sie sich erden können?

Wenn wir das Leben zum Abenteuer erklären, dann wird jeder Gegenwind zum spielerischen Auftrag, geschmeidig zu sein und gleichzeitig unsere Wurzeln zu stärken.

Spüren Sie beide Fußsohlen und stellen Sie sich vor, wie Ihre Wurzeln tief in die Erde wachsen. Das verleiht Ihnen Standfestigkeit in jeder Lebenssituation.

10. Mächtig und weise

Berghaltung im Sitzen

Kommen Sie in den Schneidersitz, richten Sie Ihren Rücken auf und entspannen Sie Nacken und Schultern. Schließen Sie die Augen und nehmen Sie wahr, wo Ihr Gesäß und Ihre Beine den Boden berühren. Erden Sie sich bewusst über die Sitzbeinhöcker. Nach ein paar ruhigen Atemzügen bringen Sie Ihre Arme mit dem Einatmen über Ihren Kopf, die Handflächen berühren sich leicht. Richten Sie Ihre Aufmerksamkeit auf die Krone Ihres Kopfes. Können Sie die Verbindung nach oben wahrnehmen? Versuchen Sie nun, gleichzeitig die stabile Basis Ihres Körpers am Boden und die Ausrichtung nach oben zu erfahren. Spüren Sie die Verbindung zwischen Steißbein und Scheitel? Fühlen Sie, wie sich in Ihnen Stille und Gewahrsein ausbreiten?

Bleiben Sie so lange in der Berghaltung, wie Sie sich darin wohlfühlen. Legen Sie dann Ihre Hände auf Ihre Knie und spüren Sie dieser Übung nach.

Die Berghaltung kräftigt die Arme und die Rückenmuskulatur, fördert innere Ruhe und stärkt unsere Verbindung mit einer höheren Weisheit.

Magisch und still, mächtig und weise – so ist er, der Berg. Möchten Sie sich auch manchmal wie ein Berg fühlen? Seine Qualitäten können wir in so mancher Alltagssituation sehr gut gebrauchen, um mitten im Leben zu stehen und gleichzeitig alles zu überblicken. Nicht immer können wir Berge versetzen, aber mit ihren Eigenschaften können wir uns jederzeit verbinden.

Können Sie Ihre Macht und Ihre innere Weisheit spüren, wenn Sie ganz still sind?
Wie können Sie diese zentrierte Ruhe auch in anderen Situationen wahrnehmen?

Berge sind übrigens sehr lebendig. Auch wenn sie in einer anderen Geschwindigkeit wachsen und sich bewegen wie wir, so sind sie doch von Energie und Leben erfüllt. Zugleich ist der Berg ein Sinnbild für Ruhe, Kraft und Weisheit. Um ihn in unser Leben zu holen, brauchen wir nur ein wenig stillzusitzen.

Wenn Sie sich ganz auf sich selbst konzentrieren, können Sie Ihre innere Kraft und Weisheit spüren. Wie bei einem Berg können äußere Umstände Sie zwar beeinflussen, aber niemals umwerfen.

11. Stetige Kraft

Die machtvolle Haltung

Stellen Sie Ihre Füße hüftbreit auseinander auf den Boden. Achten Sie darauf, dass Ihre Knie stets den gleichen Abstand bewahren. Heben Sie nun die Arme nach oben, gleichzeitig ziehen Sie Ihre Schultern bewusst nach unten. Dann beugen Sie die Beine und lassen Ihr Becken sinken, während Sie die Wirbelsäule nach oben lang ziehen. Auch wenn die Haltung anstrengend ist – geben Sie nicht dem ersten Impuls nach, sie zu beenden, sondern atmen Sie stattdessen sehr tief und wachsam ein und aus.

Fühlen Sie die Kraft Ihrer Beine? Können Sie spüren, wie Sie stark und mächtig dastehen, fest entschlossen, nicht gleich aufzugeben?

Um die Übung zu beenden, strecken Sie langsam die Beine, senken die Arme über die Seiten und spüren im Stehen nach.

Die machtvolle Haltung kräftigt die Beinmuskulatur und fördert die Ausdauer.

Wenn wir etwas Neues beginnen, haben wir noch viel Kraft, Motivation und Zuversicht. Wir sind inspiriert, neugierig und voller Freude dabei. Wie von selbst geschehen die ersten Schritte. Doch bei jedem Projekt kommt irgendwann die Phase, in der die erste Euphorie nachlässt. Jetzt geht es darum, dranzubleiben, geduldig zu sein und stetig weiterzumachen.

Mit jedem konsequenten Schritt werden wir stärker und können die Anforderungen immer leichter bewältigen.

Wo und wann müssen Sie geduldig sein und stetig dranbleiben? Wie können Sie aus der Beharrlichkeit Kraft entwickeln?

Wenn wir an uns glauben und unbeirrt unseren Weg gehen, wächst das Vertrauen in uns selbst. Wir gewinnen die Fähigkeit, etwas wirklich umsetzen zu können, um dann den nächsten Schritt zu machen.

Wenn Sie nicht beim ersten Widerstand aufgeben, wird Ihre Beharrlichkeit belohnt. Feiern Sie jeden gelungenen Schritt und jeden Zwischenerfolg – besonders auch die kleinen!

Mit meiner einzigartigen Kreativität erschaffe und gestalte ich.

12. Etwas ins Leben bringen

Haltung des Gebärens

Kommen Sie in die Grätsche, Ihre Zehen zeigen leicht nach außen. Ziehen Sie Ihr Steißbein sanft nach vorne. Dann beugen Sie die Knie, sodass Ihre Oberschenkel möglichst parallel zum Boden sind, und legen die Hände darauf. Lassen Sie Ihr Becken Richtung Boden sinken und richten Sie gleichzeitig Ihren Oberkörper auf. Atmen Sie bewusst kräftig in die Anstrengung hinein. Wenn Sie wollen, können Sie auch laut stöhnen. Vertrauen Sie der Kraft Ihrer Beine und der Fruchtbarkeit Ihres Beckens. Spüren Sie, wie Ihr Wille und Ihre ursprüngliche Kraft Ihnen zu großer Ausdauer verhelfen?

Wenn Sie möchten, können Sie sich im Anschluss an die Übung auf den Boden legen und die wohlverdiente Entspannung genießen.

Die Haltung des Gebärens kräftigt die Oberschenkelmuskulatur und stärkt Ausdauer und Durchhaltevermögen.

Jeder Mensch ist kreativ. Wir alle tragen ein unendliches Potenzial an Ideen und Möglichkeiten in uns. Um aus dieser Kreativität heraus etwas zu erschaffen, reicht es allerdings nicht, nur davon zu träumen. Was auch immer wir ins Leben bringen wollen: Um von der Idee zum konkreten Ergebnis zu kommen, braucht es unseren Einsatz.

Nicht gleich aufzugeben fällt uns leichter, wenn wir uns bewusst machen, wie viel Kraft und Möglichkeiten wir haben, etwas zu erschaffen, etwas Einzigartiges, das nur wir in die Welt bringen können.

Welche neuen Ideen und Projekte warten darauf, von Ihnen realisiert zu werden?
In welcher Form können Sie Ihre ganz persönliche Kreativität am besten ausdrücken?

Etwas bewusst selbst zu erschaffen und den Lohn für die Anstrengung zu genießen, spornt uns für die nächsten kreativen Taten an.

Jeder und jede von uns hat das Potenzial, etwas Einzigartiges in die Welt zu bringen. Nutzen Sie Ihre Kraft und Ausdauer, um Ihrer Kreativität Ausdruck zu verleihen.

13. Genussvoll in Bewegung

Die wiegende Palme

Stellen Sie Ihre Füße hüftbreit auf den Boden, schließen Sie für einen Moment die Augen und nehmen Sie wahr, wo Ihre Fußsohlen Kontakt mit dem Untergrund haben. Spüren Sie Ihr Becken als stabile Basis Ihres Körpers und genießen Sie die innere Ruhe. Bringen Sie einatmend die Arme über den Kopf, dehnen Sie sich und wachsen Sie dabei, Ihre Schultern bleiben ganz entspannt. Stellen Sie sich vor, eine leichte Brise streichelt sanft Ihren Körper. Mit dem Ausatmen neigen Sie Ihren Oberkörper nach links, beim Einatmen kommen Sie wieder zur Mitte, während des nächsten Ausatmens beugen Sie sich nach rechts. Das Becken bleibt dabei stabil über den Beinen ausgerichtet. Sie können auch einige Atemzüge lang auf jeder Seite verweilen.

Spüren Sie die Leichtigkeit und Flexibilität Ihres Oberkörpers, während Ihr Becken und Ihre Beine Ihnen Stabilität verleihen? Können Sie die geschmeidigen Bewegungen Ihres Körpers genießen?

Die wiegende Palme dehnt die Körperseiten, macht die Wirbelsäule beweglich, kräftigt die Arme und vermittelt Bewegungsfreude und Geschmeidigkeit.

Eine warme Brise weht, die Sonne wärmt den Rücken, das Gesicht ist dem Himmel zugewandt und die Erde trägt das Gewicht: Wiegend und schwingend lässt sich das Leben genießen. Zugleich wandert der Blick weit hinaus.

Das Leben verlangt viel Beweglichkeit von uns. Wenn wir ohne Widerstand mit den äußeren Einflüssen mitgehen, können wir sie als sanfte Impulse genießen und gleichzeitig den weiten und verheißungsvollen Horizont im Auge behalten. So vieles wartet noch auf uns!

Wann und wie spüren Sie die Geschmeidigkeit Ihres Seins? Welchen Ausblick bietet der Horizont für Sie?

Sich wiegen und biegen bedeutet, flexibel zu bleiben. Wenn wir frische Luft durch unser Leben strömen lassen, können wir unbekümmert alle neuen Entwicklungen begrüßen.

Flexibel und geschmeidig bleiben Sie, wenn Sie sich auch im Alltag immer wieder strecken und biegen. Das geht sogar im Bürosessel, beim Zähneputzen oder beim Kochen.

Ich vertraue auf positive Entwicklungen.

14. Positive Entwicklungen

Gedrehte Kopf-Knie-Haltung

Setzen Sie sich in eine weite Grätsche, winkeln Sie das rechte Bein an und bringen Sie den rechten Fuß so nahe wie möglich an das Schambein. Drücken Sie das ausgestreckte linke Bein aktiv in den Boden, ziehen Sie Ihre Zehen Richtung Kopf. Heben Sie beide Arme, machen Sie Ihren Rücken lang und beugen Sie sich aus dem Hüftgelenk über das ausgestreckte Bein. Legen Sie die linke Hand auf das linke Schienbein oder greifen Sie um den linken Fuß. Drehen Sie sich mit dem Oberkörper so zur Seite, als wollten Sie Ihren Nabel Richtung Zimmerdecke bewegen. Der rechte Arm ist gestreckt und zieht zur linken Seite. Atmen Sie bewusst und tief in die Dehnung der rechten Flanke hinein. Fühlen Sie, wie Ihr Körper Stück für Stück in die Stellung hineinsinkt?

Kommen Sie wieder zur Mitte, spüren Sie kurz nach und wechseln Sie dann die Seite.

Die gedrehte Kopf-Knie-Haltung dehnt die Körperseiten und vermittelt vertrauensvolles Loslassen.

Wenn wir im Denken und in unserer inneren Haltung flexibel sind, so werden es auch unsere Handlungen sein. Wir brauchen nicht immer genau zu wissen, wie wir ein Ziel erreichen können. Allein die Einstellung, dass etwas möglich ist, lenkt unsere Energie in die gewünschte Richtung.

Es gibt aber auch Situationen, in denen es am besten ist, kurz anzuhalten. Nichts mehr zu wollen, sondern einfach nur zu beobachten. Während wir verweilen und atmen, geschieht der nächste Entwicklungsschritt dann oft ganz von selbst.

Wie geht es Ihnen, wenn Sie innehalten und beobachten?
Können Sie darauf vertrauen, dass gute Entwicklungen von selbst stattfinden?

Wenn wir innehalten, dreht sich die Welt auch ohne unser Zutun weiter. Das eröffnet uns im nächsten Moment neue Möglichkeiten und Chancen.

Wenn Sie in einer Situation nicht mehr weiterwissen, dann entscheiden Sie sich dafür, im Moment nichts zu tun. Damit lassen Sie der Entwicklung ihren natürlichen Lauf.

Meine innere Sonne bringt Lebensfreude und Wärme.

15. Ein sonniger Tag

Die Sonne

Stellen Sie Ihre Füße hüftbreit auf den Boden und ziehen Sie Ihr Steißbein sanft nach vorne. Richten Sie Ihren Oberkörper auf und entspannen Sie Ihre Schultern. Schließen Sie für einen Moment die Augen, spüren Sie, wo Ihre Fußsohlen die Erde berühren und denken Sie an die Weite des Himmels über Ihnen. Öffnen Sie die Augen, heben Sie beim Einatmen die Arme über Ihren Kopf und wenden Sie Ihr Gesicht nach oben. Fühlen Sie die Sonnenstrahlen auf Ihrer Haut? Mit dem Ausatmen lassen Sie die Arme seitlich in einem großen Bogen wieder sinken. Stellen Sie sich vor, Sie würden die Wolken am Himmel wegschieben – langsam, aber mit Nachdruck. Führen Sie diesen Bewegungsablauf einige Male in Ihrem eigenen Atemrhythmus aus und spüren Sie dann kurz nach.

Merken Sie, wie Weite und Fröhlichkeit Ihren Brustkorb erfüllen?

Die Sonnen-Übung vitalisiert den Körper und schenkt Ihnen Energie sowie Lebensfreude.

Stellen Sie sich vor, es ist ein wolkenloser Tag und Sie strecken Ihr Gesicht der Sonne entgegen. Was für ein Lebensgefühl! Wenn die Sonne scheint, ist es leicht, fröhlich und optimistisch zu sein.

Sonne finden wir nicht nur im Außen, sondern auch in unserem Inneren. An Wolkentagen ist sie etwas versteckt, doch es ist immer möglich, die Quelle der Wärme, des Lichts und des Optimismus hinter den Wolken wiederzuentdecken.

Wie bringen Sie Sonne in Ihr Leben?
Wie können Sie die Wolken am Himmel »wegschieben«?

Selbst wenn Ihr Himmel manchmal grau und trüb ist: Sie können sich immer dafür entscheiden, dass es innerlich ein Sonnentag für Sie wird. Und mit der richtigen Ausrüstung ist ohnehin jedes Wetter perfekt.

Stellen Sie sich morgens noch mit geschlossenen Augen vor, wie die Sonne in Ihr Gesicht scheint. Ganz egal wie das Wetter draußen ist – Sie werden mit einem fröhlichen Gefühl aufstehen.

Ich genieße die Vielfalt meines Lebens.

16. Vielfalt des Lebens

Um die eigene Achse schwingen

Kommen Sie in eine angenehme Sitzposition – im Schneider- oder Fersensitz, oder auf einem Stuhl – und verankern Sie sich bewusst über Ihre Sitzbeinhöcker. Schließen Sie für einen Moment die Augen und nehmen Sie die zentrale Achse Ihres Oberkörpers vom Beckenboden bis zum Scheitel wahr. Lassen Sie Ihren Atem entlang dieser Achse fließen – beim Einatmen von unten nach oben, beim Ausatmen von oben nach unten. Dann öffnen Sie die Augen und heben die Arme, sodass die Oberarme parallel zum Boden und die Unterarme senkrecht aufgerichtet sind. Schwingen Sie mit dem Oberkörper um Ihre Körperachse, wobei die Position Ihrer Arme im Verhältnis zum Rumpf unverändert bleibt.

Spüren Sie, wie Ihre zentrale Achse Ihnen Halt gibt, während Sie Ihren Oberkörper und Ihren Blick in verschiedene Richtungen drehen können?

Das Schwingen um die eigene Achse fördert die Beweglichkeit, mobilisiert die Wirbelsäule und stärkt Arme, Schultern sowie Brust.

Wir alle haben verschiedenste Rollen in unserem Leben: als Kind unserer Eltern, als Freundin oder Freund, als Arbeitnehmer oder Arbeitgeberin, als Mutter oder Vater, als Chefin oder Chef, als Partnerin oder Partner ... Um all diese Rollen zu meistern, brauchen wir eine Menge Flexibilität.

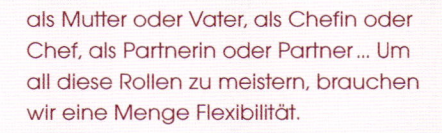

Es gelingt uns, allen unserer Aufgaben gerecht zu werden, gerade weil uns viele Verhaltensmöglichkeiten zur Verfügung stehen. Eine gute Organisationsfähigkeit im Beruf kann sich auch im Familienleben bewähren.

Welche Ihrer Lebensrollen könnte ein wenig Stärkung von den anderen Lebensbereichen brauchen?
Was ist Ihr innerster Kern, der in allen Rollen vorhanden ist?

Die Summe unserer Rollen und der darin enthaltenen Qualitäten macht unsere Persönlichkeit aus.

Die Rollen und Anforderungen Ihres Lebens sind vielfältig. Entwickeln Sie Ihre Flexibilität jeden Tag aufs Neue, indem Sie die Übergänge bewusst geschmeidig gestalten.

Der Fluss meines Seins

trägt mich

in jedem Moment.

17. Im Flow sein

Seegras

Legen Sie sich in bequemer Rückenlage auf eine weiche Decke. Schließen Sie die Augen und sinken Sie mit jedem Ausatmen mehr und mehr in den Boden.

Strecken Sie nun beide Arme und Beine senkrecht nach oben. Sie können die Beine dabei leicht anwinkeln. Achten Sie darauf, dass Ihr unterer Rücken am Boden bleibt. Stellen Sie sich vor, Ihre Gliedmaßen wären Seegras, das sanft vom Wasser geschaukelt wird. Jeder Halm bewegt sich für sich und ist doch mit den anderen verbunden. Folgen Sie intuitiv den Bewegungsimpulsen Ihres Körpers, ohne darüber nachzudenken. Genießen Sie die fließenden Bewegungen und legen Sie dann Arme und Beine wieder ab. Während Ihr Körper ruht, lenken Sie die Aufmerksamkeit auf innere Bewegungen. Können Sie irgendwo in sich ein Pulsieren oder Fließen spüren? Welche Gedanken und Gefühle tauchen in Ihrem Inneren auf?

Die Seegras-Übung kräftigt Arme, Beine und Bauchmuskulatur. Sie dehnt die Beinrückseiten und unterstützt uns dabei, mit dem Fluss des Lebens mitzufließen.

Im Flow zu sein heißt, wir sind in unserem Element und gehen in unserer Aufgabe auf. Es bedeutet ein natürliches Einssein mit allem, was das Leben uns bringt. Wenn wir im Flow sind, nehmen wir Impulse auf, geben Informationen weiter und sind im Einklang mit uns und unserer Umwelt. Ohne Zweifel und ohne Widerstand schwingen wir mit dem Leben, handeln spontan und ungekünstelt. Eines ergibt das andere und alles zusammen ist Harmonie.

Manchmal allerdings fühlen wir uns absolut nicht im Flow. Dann ist das Leben mühsam und fühlt sich nach »Sand im Getriebe« an. Doch auch in solchen Phasen können wir versuchen, mitzufließen, unsere Perspektive zu ändern und den Flow einzuladen.

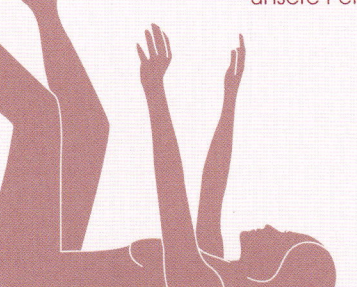

Wie und wann spüren Sie den Flow? Wie könnten Sie diese guten Gefühle auch in einer schwierigeren Situation hervorrufen?

Selbst wenn wir den Flow gerade nicht spüren – er ist immer da. Wir können uns in unserer Vorstellung bewusst mit ihm verbinden.

Wenn Sie wissen, mit welchen körperlichen oder geistigen Tätigkeiten Sie in den Flow kommen, können Sie diese ganz bewusst einsetzen, wenn Sie gerade mehr Leichtigkeit brauchen.

Ich öffne und schließe mich in meinem eigenen Rhythmus.

18. Mich öffnen und schließen

Die Lotusblüte

Setzen Sie sich auf einen Stuhl oder im Schneider- oder Fersensitz auf den Boden. Spüren Sie, wo Ihre Sitzbeinhöcker die Unterlage berühren und erden Sie sich bewusst. Richten Sie Ihren Rücken auf und entspannen Sie Ihre Schultern. Schließen Sie die Augen, beobachten Sie das Kommen und Gehen Ihres Atems. Dann falten Sie mit dem Ausatmen die Hände vor der Brust und senken das Kinn Richtung Brustbein. Mit dem Einatmen bringen Sie in einer harmonisch fließenden Bewegung die Hände über den Kopf und breiten dabei die Arme so weit aus, wie es Ihnen angenehm ist. Richten Sie Ihren Blick nach oben und öffnen Sie Ihr Herz. Mit dem Ausatmen bringen Sie die Hände wieder vor die Brust und senken das Kinn. Wiederholen Sie diese Bewegung einige Male im eigenen Atemrhythmus. Sie können auch ein paar Atemzüge lang in der Position bleiben, die Ihnen im Moment guttut. Spüren Sie, ob Ihnen gerade nach Öffnung oder nach Rückzug zumute ist?

Die Lotusblüte stärkt die Arme, entspannt den Nacken und vermittelt ein Gefühl für die eigenen Bedürfnisse.

Das Leben besteht aus Rhythmen und Zyklen, es ist ein fortwährendes Auf und Ab, ein Ausdehnen und Zusammenziehen. Um in Harmonie zu sein, brauchen wir Bewegung genauso wie Ruhe, Offenheit ebenso wie Rückzug. Wenn wir zu viel im Außen sind, sehnen wir uns irgendwann nach Stille. Und wenn wir genug Zeit mit uns selbst verbracht haben, geht der Weg automatisch wieder nach Außen.

Sind Sie in einer Phase der Offenheit oder des Rückzugs? Was braucht Ihr persönlicher innerer Rhythmus im Moment von Ihnen?

Nicht immer können wir unsere inneren Zyklen und Phasen so leben, wie wir sie gerade spüren. Alltag, Familie, Beruf, Freunde und auch die Natur haben ihre eigenen Rhythmen. Daher ist es unendlich wohltuend, immer wieder – und sei es nur für ein paar Minuten – auf den eigenen Rhythmus und das eigene Tempo zu hören.

Sie können sich in jeder Situation bewusst öffnen – oder zurückziehen. Auch wenn gerade kein äußerlicher Rückzug möglich ist, kann es einen inneren geben.

Ich atme alles Schwere aus.
Ich atme Leichtigkeit ein.

19. Aufnehmen und loslassen

Mudra zum Entgiften und Entschlacken

Setzen Sie sich bequem auf den Boden oder auf einen Stuhl. Sie können die Mudra auch im Liegen ausführen. Legen Sie die Zeigefinger aneinander, während sie alle anderen Finger, auch die Daumen, ineinander verschränken. Ihre Hände ruhen entspannt in Ihrem Schoß. Halten Sie die Zeigefinger Richtung Boden oder in Richtung Ihrer Füße. Schließen Sie die Augen und atmen Sie entspannt und regelmäßig. Stellen Sie sich vor, wie mit jedem Ausatmen Gifte, Schlacken und Belastungen aus Ihren Zeigefingern in die Erde fließen. Lassen Sie auch emotionale Belastungen, Stress und Hektik bewusst los. Spüren Sie die erleichternde und reinigende Wirkung dieser Mudra? Öffnen Sie nun die Hände, legen Sie sie mit den Handflächen nach oben auf Ihre Oberschenkel und lassen Sie neue Energie, Vitalität und Lebendigkeit in Ihren Körper strömen.

Diese Mudra fördert Entgiftung und Entschlackung und hilft uns, loszulassen, was wir nicht mehr brauchen.

In jedem Moment unseres Lebens sind wir in Verbindung mit unserer Umwelt. Wir nehmen unzählige Eindrücke auf und nicht immer können wir unterscheiden, was zu uns gehört und was nicht. Wenn wir die Energien unserer Umgebung und unserer Mitmenschen ungefiltert aufsaugen wie ein Schwamm, fühlen wir uns dadurch schnell erschöpft und ausgelaugt.

Gibt es Situationen, in denen Sie sich verlieren und zu sehr im Außen sind? Wie könnten Sie in solchen Momenten wieder zu sich selbst finden?

Manchmal ist es wichtig, dass wir uns von den äußeren Eindrücken lösen, um ganz zu uns selbst zu kommen. Wenn wir unsere eigenen Bedürfnisse bewusst wahrnehmen, können wir danach umso besser wieder in Verbindung mit unserer Umwelt treten.

Wir atmen ein und nehmen auf, sind offen und empfangsbereit. Wir atmen aus und lassen los, geben ab. Sie brauchen nicht zu wissen, was genau Sie belastet, was Sie abgeben möchten. Setzen Sie einfach nur die Absicht – das genügt.

Atmen Sie bewusst aus und geben Sie alles Schwere ab. Atmen Sie bewusst ein und nehmen Sie damit neue Energie auf.

*Mein Körper ist ein Freund,
der mich durchs Leben begleitet.*

20. Mich spüren

Das Wunder Wirbelsäule

Kommen Sie in den Vierfüßlerstand, die Handgelenke genau unterhalb der Schultern, die Knie unterhalb der Hüftgelenke, und entspannen Sie Ihren Nacken. Nun machen Sie mit dem Ausatmen einen Katzenbuckel, indem Sie Ihre Wirbelsäule vom Steißbein ausgehend in eine harmonische Rundung bringen, der Kopf folgt zuletzt. Mit dem Einatmen bewegen Sie Ihre Wirbelsäule in die Gegenrichtung, den Dackelbauch. Achten Sie darauf, dass Ihr Rücken im Lendenbereich nicht zu sehr durchhängt!

Nachdem Sie diese Bewegung einige Male im Atemrhythmus ausgeführt haben, beginnen Sie, einfach den Impulsen Ihres Körpers zu folgen. Bewegen Sie sich wohlig und genüsslich in alle Richtungen. Sie können auch Ihr Becken führen und den Rest des Körpers folgen lassen. Spüren Sie die Flexibilität Ihrer Wirbelsäule, die – einer kostbaren Perlenkette gleich – Ihrem Körper geschmeidige Beweglichkeit verleiht?

Diese Mobilisierungsübung löst Spannungen in Rücken und Nacken, sie vermittelt wohlige Freude an der Beweglichkeit des eigenen Körpers.

Unser Körper ist das Ausdrucksmittel unseres Seins. Er begleitet uns vom ersten bis zum letzten Atemzug. Wäre es da nicht klug, ihn sich zum Freund und Verbündeten zu machen?

Freunde fragen wir öfter danach, was sie von uns brauchen. Unseren wunderbaren Körper aber vernachlässigen wir manchmal, zwingen ihn in Bewegungen und Haltungen, die ihm nicht guttun. Da ist es ein wohltuender Ausgleich, hin und wieder ganz den Impulsen des Körpers zu folgen, zu spüren, wie großartig er ist, was er alles für uns tut.

Wie können Sie Ihrem Körper danken, dass er so wunderbar für Sie da ist? Bei welchen Bewegungen spüren Sie Ihren Körper am angenehmsten?

Behandeln Sie Ihren Körper wie einen Freund, er wird es Ihnen danken.

Horchen Sie so oft wie möglich in Ihren Körper hinein. Will er sich strecken, dehnen, schütteln oder einfach ruhen?

*Jeder Tag gibt mir
 die Möglichkeit zum Neustart.*

21. Am Start

Der Läufer

Aus dem hüftbreiten Stand beugen Sie die Knie, legen den Bauch auf den Oberschenkeln ab und bringen die Hände neben die Füße auf den Boden. Sie können entweder die ganzen Handflächen ablegen oder den Boden nur mit den Fingerspitzen berühren. Steigen Sie mit dem linken Fuß weit nach hinten und dehnen Sie Ihr Bein – die Ferse zieht nach hinten, der Oberschenkel nach oben, das Knie ist gestreckt. Achten Sie darauf, dass sich das rechte Knie genau oberhalb des Sprunggelenks befindet. Richten Sie Ihren Blick nach vorne und lassen Sie Ihr Kreuzbein nach unten sinken, während Sie das hintere Bein weiterhin dehnen und Ihre Wirbelsäule lang werden lassen. Spüren Sie, wie diese Haltung Ihnen Entschlossenheit und Kraft verleiht? Nach einigen bewussten Atemzügen steigen Sie wieder nach vorne und wiederholen die Übung auf der anderen Seite.

Die Position des Läufers dehnt und kräftigt die Beine, sie macht die Wirbelsäule lang und ist ideal zum sanften Aufwärmen.

Gleich geht es los ... die Motoren heulen, die Flagge weht, das Publikum tobt, es geht ums Ganze!

Auch wenn es nicht immer so dramatisch ist: Es gibt viele Startsituationen in unserem Leben, und sei es nur der tägliche Start in den Tag. Vieles hängt vom Beginnen ab. Machen wir einen Fehlstart, müssen wir noch mal von vorne anfangen. Sind wir zu langsam, können wir nur mit Mühe aufholen. Nehmen wir gar die falsche Strecke, bleibt das Ziel unerreicht. Es macht also Sinn, sich ein paar Gedanken über die Richtung und das Ziel zu machen, bevor wir losstarten.

Wohin möchten Sie starten? Was brauchen Sie, um einen guten Start hinlegen zu können?

Los, auf geht's! Starten Sie durch. Es gibt viel zu gewinnen.

Nehmen Sie sich morgens bewusst ein paar Minuten Zeit, um sich vorzustellen, wie Ihr Tag positiv und harmonisch verläuft.

Ich blicke zufrieden auf mein Leben und schaue optimistisch in die Zukunft.

22. Das Leben von oben betrachten

Der Adler

Kommen Sie in einen hüftbreiten Stand und schließen Sie für einen Moment die Augen. Stellen Sie sich vor, wie Ihnen Flügel und Federn wachsen, und spüren Sie an Ihren Füßen kräftige Adlerkrallen. Dann öffnen Sie die Augen und heben Ihre Arme mit dem Einatmen nach oben. Während des Ausatmens beugen Sie sich mit geradem Rücken aus der Hüfte nach vorne – wenn nötig winkeln Sie die Knie an. Spüren Sie die Länge zwischen Steißbein und Scheitel. Nun breiten Sie die Arme seitlich aus. Verweilen Sie ein paar Atemzüge lang in dieser Haltung und blicken Sie nach unten. Wie verändert diese Perspektive Ihre Wahrnehmung? Können Sie sich vorstellen, wie ein Adler die Welt sieht?

Kommen Sie einatmend mit erhobenen Armen wieder nach oben und lassen Sie ausatmend die Arme seitlich sinken. Spüren Sie der Übung im Stehen nach.

Die Adler-Übung dehnt die Wirbelsäule, belebt und verschafft Überblick und geistigen Freiraum.

Das eigene Reich betrachten und sich einen Überblick verschaffen, stolz sein auf das Erreichte und optimistisch für das Kommende – gelingt Ihnen das manchmal?

Wenn wir einen Blick von oben auf unser Leben werfen, sehen wir eine weite Landschaft. Aus der Distanz ist alles in Harmonie und ergibt einen stimmigen Anblick. Selbst die Details, die uns manchmal stören, ordnen sich harmonisch in das Gesamtbild ein. Über den Dingen zu schweben und eine größere Perspektive einzunehmen hilft uns, wieder gelassener mit den Herausforderungen des Alltags umzugehen.

Was können Sie aus einer größeren Perspektive entdecken? Ist Ihr Leben als Ganzes betrachtet in Harmonie?

Um zu sehen, was bereits entstanden und gewachsen ist, müssen wir manchmal innehalten und wahrnehmen, was wir schon alles erreicht haben. Wir genießen einen Augenblick der stillen Freude. Daraus wachsen die Motivation und die Kraft für neue Aufgaben und Ziele.

Nehmen Sie sich immer wieder Zeit, um Ihr Leben aus einer erweiterten Perspektive zu sehen. Betrachten Sie das große Bild – was haben Sie schon alles erreicht?

Durch Ausdauer und kraftvolles Handeln erreiche ich meine Ziele.

23. Auf zu neuen Ufern

Das Boot

Setzen Sie sich auf den Boden und winkeln Sie die Knie an. Heben Sie die Beine, sodass die Unterschenkel parallel zum Boden sind. Strecken Sie die Arme nach vorne. Achten Sie darauf, dass Ihr Rücken ganz gerade bleibt und Sie nicht in sich zusammensinken. Versuchen Sie, das Gleichgewicht auf den Sitzbeinhöckern zu wahren. Nehmen Sie Kontakt zur Kraft Ihrer Körpermitte auf und richten Sie den Blick gleichzeitig bewusst nach vorne. Geben Sie nicht dem ersten Impuls nach, die Stellung zu beenden, auch wenn sie anstrengend ist, sondern versuchen Sie, noch zwei, drei Atemzüge lang zu verweilen. Dann lösen Sie die Stellung. Spüren Sie die Befriedigung darüber, durchgehalten zu haben?

Das Boot kräftigt den unteren Rücken und die Bauchmuskulatur und vermittelt Ausdauer und Zielgerichtetheit.

Sich Ziele zu setzen, ist ein wichtiger erster Schritt. Wenn wir unsere Ziele wirklich erreichen möchten, braucht es allerdings auch Einsatz und Durchhaltevermögen.

Doch Arbeit und Anstrengung müssen keineswegs mühsam und unangenehm sein! Wir können mit Freude tun, was getan werden muss, selbst wenn wir dabei müde werden. Disziplin und Ausrichtung können selbst gewählt sein. Wenn wir dabei das Ziel vor Augen behalten, können wir unsere Kraft und Ausdauer voll und ganz zielgerichtet nützen.

Für welches Ihrer Ziele lohnt es sich für Sie, sich anzustrengen?
Was können Sie tun, um diese Anstrengung sogar zu genießen?

Es zahlt sich aus, wenn wir dranbleiben. Sobald wir unsere ganze Kraft einsetzen und an uns glauben, wird uns auch der Fluss des Lebens unterstützen, indem er uns in die richtige Richtung trägt.

Wenn Ihr Leben gerade anstrengend ist, dann werfen Sie einen Blick auf Ihre Ziele. Jeder Schritt lohnt sich und bringt Sie Ihren Visionen näher.

Meine Gedanken sind positiv und optimistisch.

24. Positive Gedanken

Hakini Mudra

Spreizen Sie Ihre Finger und legen Sie die Fingerspitzen Ihrer beiden Hände aneinander, sodass diese jeweils spürbaren Kontakt miteinander haben, ohne jedoch zu viel Druck auszuüben. Schließen Sie die Augen und beobachten Sie Ihre Gedanken. Sollte ein negativer Gedanke auftauchen, der Sie schwächt oder Ihnen den Mut raubt, ersetzen Sie ihn sofort durch einen positiven. Versuchen Sie, sich einige Minuten lang auf diese Übung zu konzentrieren. Atmen Sie tief durch und öffnen Sie die Augen. Hat sich Ihre Stimmung aufgehellt?

Diese Mudra harmonisiert die Gehirnhälften, unterstützt die Konzentration und hilft dem Gedächtnis. Wenn Sie eine gute Idee brauchen oder Ihnen etwas Bestimmtes nicht einfallen will, bringen Sie die Hände in die Hakini Mudra und berühren Sie mit der Zunge den Gaumen. Nach einiger Zeit lassen Sie mit dem Ausatmen die Zunge fallen. So stimulieren Sie Ihr Denk- und Erinnerungsvermögen.

Unsere Gedanken sind der Ausgangspunkt für unser Handeln und damit auch für unser Erleben. Erwartungen und Vorstellungen prägen unsere Wahrnehmung. Unsere persönliche Brille bestimmt, wie wir eine Situation empfinden und bewerten.

Unsere individuelle Wahrnehmung können wir ganz bewusst gestalten. Es ist eine Entscheidung, ob wir die Welt dunkelgrau oder rosarot sehen wollen. Und es gibt ja auch noch viele Farben und Schattierungen dazwischen.

Wenn Sie an eine bestimmte Lebenssituation denken, welche Färbung haben Ihre Gedanken dann? Welche neuen Farben könnten Sie hinzufügen?

Übrigens: Auch unsere Gefühle folgen unseren Gedanken. Wenn wir optimistische Gedanken pflegen, stellen sich langfristig auch positive Gefühle ein.

In jeder Situation gibt es zumindest einen positiven Aspekt. Richten Sie Ihren Fokus darauf. Das lenkt Gedanken und Gefühle in eine neue Richtung.

Ich genieße das süße Leben.

25. Das süße Leben

Die Katze

Kommen Sie in den Vierfüßlerstand und schieben Sie bei Bedarf eine Decke unter die Knie. Legen Sie nun den rechten Handrücken unter dem Körper ab, sodass die Fingerspitzen nach links zeigen. Mit dem Ausatmen gleiten Sie mit dem rechten Arm am Boden entlang nach links und lassen Schulter und Ohr Richtung Boden sinken. Genießen Sie die wohlige Drehung und Dehnung, entspannen Sie sich in die Haltung hinein, vielleicht schnurren und seufzen Sie, wenn Ihnen danach ist. Drücken Sie mit dem Einatmen die linke Hand in den Boden und kommen Sie zurück in die Ausgangsposition. Wiederholen Sie die Übung zur anderen Seite. Sie können die Bewegung auch im Atemrhythmus ausführen – mit dem Ausatmen gleiten Sie in die Haltung, mit dem Einatmen kommen Sie wieder zur Mitte und wechseln dann die Seite. Können Sie Ihre Geschmeidigkeit genießen? Spüren Sie, wie wohlig sich Ihr Körper in die Haltung hinein entspannt?

Diese gedrehte Dehnung macht die Wirbelsäule geschmeidig, entspannt Schultern und Nacken und vermittelt genussvolle Verspieltheit.

Vielleicht haben Sie sich schon einmal gewünscht, einen Tag mit einer Katze zu tauschen, sich genüsslich auf dem Sofa zu räkeln, die Pfoten nach einer Leckerei auszustrecken und dabei wohlig zu schnurren.

Haben Sie sich heute schon etwas Gutes getan?
Worauf hätten Sie jetzt gerade Lust?

Was spricht eigentlich dagegen, sich manchmal genauso zu verhalten wie eine Katze? Ganz verspielt, in dem sicheren Wissen, dass Ihr Leben vollkommen in Ordnung ist. Einfach wohlfühlen. Sich strecken und räkeln, die Muskeln dehnen und sich entspannen. Vor allem entspannen! Denn das brauchen nicht nur Katzen …

Vielleicht schenken Sie sich selbst auch noch ein Lächeln? Die Welt bietet Leckereien allüberall – wir müssen nur zugreifen!

Gönnen Sie sich von Zeit zu Zeit ganz bewusst einen kleinen Genuss. Wie wäre es, mal unter der Woche blauzumachen, etwas »Verbotenes« auszuprobieren oder einfach nur eine köstliche Praline zu verspeisen?

Ich hole mir selbst die Sterne vom Himmel.

26. Wünsche gehen in Erfüllung

Glückssterne

Stellen Sie sich aufrecht hin, schließen Sie kurz die Augen und stellen Sie sich vor, Sie wären die Hauptfigur in einem Märchen oder einem Film, jedenfalls in einer Geschichte mit Happy End. Heben Sie die Arme und lassen Sie einen Schwall glitzernder Sterne vom Himmel auf sich herabregnen – große und kleine, hellere und weniger helle. Dann öffnen Sie die Augen wieder und beugen sich nach unten. Gehen Sie dabei so weit in die Knie, dass der Bauch auf den Oberschenkeln liegen kann, während die Hände den Boden berühren. Stellen Sie sich vor, wie Sie all die Glückssterne einsammeln und aufheben. Dann richten Sie sich wieder auf und bringen Ihre Arme über den Kopf. Während Sie sie seitlich sinken lassen, malen Sie sich in Gedanken das Bild aus, wie die glitzernden Sterne noch einmal über Ihren Körper rieseln. Spüren Sie den wohligen Schauer im Rücken?

Die Glücksstern-Übung mobilisiert die Wirbelsäule, kräftigt die Beine und stärkt unser Vertrauen in die Geschenke des Lebens.

Haben Sie sich schon einmal gewünscht, dass jemand Ihnen die Sterne vom Himmel holt? Manchmal passiert das sogar, doch wir können unsere persönlichen Sterne auch jederzeit selbst pflücken.

Die Sterne holen Sie dann vom Himmel, wenn Sie an Ihre großen Visionen glauben, wenn Sie davon überzeugt sind, dass es Wunder gibt und Märchen wahr werden können. Die Welt ist ein magischer Ort mit unbegrenzten Möglichkeiten. Wieso sollte da nicht gerade auch Ihr Wunsch erfüllbar sein?

Wovon träumen Sie?
Welche Wünsche könnten für Sie in Erfüllung gehen?

An das scheinbar Unmögliche zu glauben, setzt große Energien frei. Wir müssen nicht immer wissen, wie etwas realisierbar ist. Oft bringt das Leben uns ganz überraschend neue Möglichkeiten und Geschenke.

Lassen Sie sich in Ihren Träumen nicht beirren. Viele große Taten und Projekte haben mit einem Traum oder einer Vision begonnen.

Jeden Tag verliebe ich mich aufs Neue in mich selbst.

27. Verliebt in mich selbst

Zärtlichkeiten

Diese Übung können Sie im Stehen, im Sitzen und sogar im Liegen durchführen, ganz wie Sie wollen! Suchen Sie sich einfach die Position und Lage aus, die Sie mögen und in der Sie sich wohlfühlen. Wenden Sie sich nun Ihren Schultern zu – und küssen Sie sie! Sie können sich auch selbst umarmen, streicheln und liebkosen. Vielleicht kommen Sie sich anfangs ein wenig seltsam dabei vor – das macht nichts! Sogar in der Öffentlichkeit, an der Bushaltestelle, im Wartezimmer, im Büro, im Zug oder im Café kann man sich selbst zwischendurch einen verstohlenen Kuss geben – und wenn auch nur in Gedanken. Spüren Sie die Fröhlichkeit und Verspieltheit, die im Küssen liegt? Nehmen Sie wahr, wie Ihre Stimmung sich verändert?

Diese Zärtlichkeitsübung entspannt nicht nur die Schultern und den Nacken, sondern den ganzen Körper. Sie bringt Leichtigkeit und stärkt die Fähigkeit, sich selbst anzunehmen und zu lieben.

Wäre es nicht schön, hin und wieder völlig zufrieden mit sich selbst zu sein?

Wenn auch nicht in jeder Situation – manchmal ist es möglich, absolute Freude darüber zu empfinden, wer wir sind, und ein unverfälschtes Glück über das pure Sein zu spüren.

Wir können uns sogar in uns selbst verlieben, begeistert sein von unserem ganz persönlichen Ausdruck in der Welt. Wir können unsere Aufmerksamkeit bewusst auf diejenigen Eigenschaften lenken, die wir an uns liebenswürdig finden, und noch mehr davon entwickeln, indem wir uns intensiv damit beschäftigen.

In welchen Teil von sich selbst können Sie sich verlieben?
Können Sie sich darüber freuen, dass Sie genau so sind, wie Sie sind?

Was für ein Geschenk, dass es Sie gibt!

Schenken Sie sich selbst öfter einmal einen kleinen Liebesbeweis: eine Rose, einen Spaziergang oder einen Cappuccino in bester Gesellschaft – nämlich in Ihrer eigenen ...

Ich feiere meine Verrücktheit.

28. Pure Lebenslust

Ganz wie ich will

Wann haben Sie das letzte Mal wild getanzt? Wann sind Sie übermütig herumgesprungen? Wann haben Sie zuletzt aus voller Kehle gesungen? Stellen Sie sich vor, Sie seien ein lebhaftes Kind, voller Entdeckerfreude und ohne Scheu davor, etwas Neues auszuprobieren. Denken Sie nicht darüber nach – fangen Sie einfach an! Kichern Sie oder lachen Sie laut. Springen Sie, drehen Sie sich um die eigene Achse oder wälzen Sie sich auf dem Boden. Legen Sie dazu laute Musik auf, wenn Sie möchten. Folgen Sie ganz Ihren inneren Impulsen! Niemand beobachtet Sie, niemand bewertet Ihr Verhalten. Befreien Sie sich von dem Gedanken, dass Sie seltsam aussehen könnten. Ihre Bewegungen sind einzigartig wie Sie selbst. Können Sie dieses kleine Stück Verrücktheit genießen?

Ursprüngliche Bewegungen, die nicht vom Verstand gesteuert werden, wecken unsere Spontaneität und Lebensfreude.

Wie wär's mit ein bisschen Verrücktheit? Mit ein wenig närrischem Tun und unangepasstem Sein?

Leider haben die meisten von uns nur wenige Zeitfenster für Verrücktes zur Verfügung. Wir sind auf Pflichterfüllung und Verantwortung eingestimmt, und nicht einmal im Kopf bleibt Freiraum für unangepasste Gedanken. Dabei wäre es so wichtig, das Bekannte hin und wieder zu »verrücken«, damit etwas Neues entstehen kann. Denn wenn wir immer in den gleichen Mustern und Gewohnheiten bleiben, wird das Leben schnell langweilig.

Welcher Lebensbereich könnte einen »ver-rückten« Schubs brauchen? Was wäre ein neuer oder ungewöhnlicher Zugang, den Sie ausprobieren können?

Sie müssen ja nicht gleich mit dem Verrücktesten anfangen. Aber Sie können ein wenig in diese Richtung gehen und den einen oder anderen ungewöhnlichen Schritt tun. Auch wenn Ihre Umgebung vielleicht erstaunt reagiert – nehmen Sie es mit einem verschmitzten inneren Lächeln!

Versuchen Sie, jeden Tag eine Kleinigkeit anders zu machen als sonst. Einen anderen Arbeitsweg auszuprobieren, im Regen zu tanzen statt sich darüber zu ärgern, mitten im Winter Eis zu essen...

*Ich tanze mit dem Leben
und das Leben tanzt mit mir.*

29. Den Tanz des Lebens tanzen

Die Tänzerin

Kommen Sie in einen stabilen, hüftbreiten Stand und verlagern Sie Ihr Gewicht langsam auf das rechte Bein. Bringen Sie die linke Ferse zum Gesäß und umfassen Sie mit der linken Hand das linke Fußgelenk. Heben Sie den rechten Arm und finden Sie eine anmutige, tänzerische Haltung für die rechte Hand. Mit dem Einatmen ziehen Sie sich nach oben in die Länge und heben Ihr Brustbein. Mit der Ausatmung pressen Sie den linken Fuß gegen die Hand und beugen sich leicht nach vorne. Fühlen Sie die Anmut und die spielerische Leichtigkeit dieser Haltung?

Nach einigen Atemzügen beenden Sie die Stellung, spüren kurz nach und wechseln die Seite. Vielleicht regt die Haltung Sie an, tatsächlich zu tanzen?

Die Tänzerin dehnt und kräftigt Bein-, Brust- und Schultermuskulatur. Sie fördert den Gleichgewichtssinn und verbindet Konzentration mit anmutiger Leichtigkeit.

Tanzen ist ein Ausdruck körperlicher und seelischer Fröhlichkeit. Es hat kein Ziel und keinen Zweck außer dem puren Genuss und der reinen Freude. Im Tanzen können wir unsere Lebendigkeit spüren, die Kraft der Bewegung und die Lust am Jetzt.

Es geht nicht um Details, um genaue Schrittfolgen oder Sicherheiten. Der Tanz des Lebens ergibt sich von selbst. Das Leben tanzt mit uns. Mal schneller, mal langsamer, mal stürmisch und wild, mal sanft und zärtlich.

Welcher Ihrer Lebensbereiche könnte ein wenig tänzerische Leichtigkeit brauchen?
Wie könnten Sie noch heute jemanden zum symbolischen Tanz auffordern?

Wir tanzen mit dem Leben, mit uns selbst und mit anderen. Wir nehmen Impulse auf und setzen Schritte – nach vorne, nach hinten und zur Seite. Andere bringen sich ein, und gemeinsam entwickeln wir einen neuen Tanz.

Laden Sie ein spielerisches Element in die Aufgaben des Alltags ein. Zum Beispiel könnten Sie beim Kochen singen, einen fremden Menschen anlächeln oder aber auch diese Yoga-Haltung ganz nach Ihrem Geschmack abwandeln.

*Verspielt und unbeschwert entdecke
ich die Welt immer wieder neu.*

30. Vergnügt wie ein Baby

Happy Baby

Legen Sie sich flach auf den Rücken, winkeln Sie die Knie an und heben Sie Ihre Beine, sodass die Unterschenkel senkrecht sind. Bringen Sie die Knie weit auseinander und umfassen Sie die Außenseiten Ihrer Füße mit den Händen. Achten Sie darauf, dass auch das Kreuzbein am Boden bleibt, während Sie die Fersen vom Körper weg dehnen und gleichzeitig mit den Händen die Füße sanft nach unten ziehen. Entspannen Sie dabei Ihren Nacken und betrachten Sie Ihre Zehen. Können Sie sich vorstellen, wie sich ein Baby fühlt, das vergnügt auf dem Rücken liegt und seinen eigenen Körper erkundet? Wenn Sie möchten, können Sie auch hin und her schaukeln, um Ihren Rücken mit einer wohligen Massage zu verwöhnen.

Happy Baby dehnt sanft den unteren Rücken, entspannt den Nacken und öffnet die Leisten. Die Haltung hilft, Stress und Druck abzubauen und wirkt vitalisierend.

Kleinen Kindern macht Lernen Freude. Ihr Dasein ist bestimmt von aufgeregter Neugier. So viel gibt es zu entdecken und zu erfahren – die Welt ist ein Abenteuerspielplatz! Babys beginnen voller Genuss, den eigenen Körper zu erkunden. Wie interessant sind doch die Zehen, die Finger, der Klang der Stimme – sie entdecken das ganze Universum in sich selbst.

Können auch Sie Ihren Körper neu entdecken?
Können Sie die spielerische Neugier auf sich selbst spüren?

Für Babys gibt es noch keine Wertung, kein Gut oder Schlecht, Richtig oder Falsch, Schön oder Hässlich. Nur Begeisterung über alles, was da ist. Alles ist gut so, wie es ist.

Es ist ein reines Vergnügen, auf der Welt zu sein.

Versuchen Sie die Welt so wahrzunehmen, als hätten Sie sie noch nie gesehen. Freuen Sie sich über Kleinigkeiten und Sie werden staunen, was es alles zu entdecken gibt.

Ich freue mich über mein pures Sein.

31. Vom Glück des Seins

Die Hocke

Kommen Sie in eine Hocke, die Füße weiter als hüftbreit auseinander, die Zehen nach vorne ausgerichtet. Falls Sie die Fersen nicht zu Boden bringen, legen Sie ein Kissen oder eine zusammengefaltete Decke unter. Bringen Sie die Arme zwischen die Knie, falten Sie die Hände vor der Brust und üben Sie mit den Oberarmen sanften Druck gegen die Knie aus. Richten Sie Ihren Rücken auf und lassen Sie Ihr Becken Richtung Boden sinken.

Fühlen Sie die Erde unter sich. Können Sie spüren, dass immer genug da ist, um im Moment glücklich zu sein?

Diese Hockstellung dehnt die Fußgelenke und Waden, öffnet die Hüften und löst Verspannungen im unteren Rücken. Sie vermittelt Erdung und Zufriedenheit.

Bestimmt kennen auch Sie Menschen, die sich ihre innere Zufriedenheit trotz Schwierigkeiten bewahrt haben. Fröhlichkeit und Zufriedenheit haben weniger mit den äußeren Umständen als mit der inneren Einstellung zu tun. Wie wir die Welt sehen, erschafft unser Erleben. Nicht das, was ist, ist entscheidend, sondern ob und wie wir es bewerten.

Können Sie mit dem, was gerade ist, glücklich sein?
Können Sie Reichtum und Fülle auch in den einfachen Dingen erkennen?

Satt und zufrieden alles genießen, was gerade ist – wer diese innere Zufriedenheit spürt, wird sogar noch mehr Zufriedenheit ins Leben ziehen. Denn wir Menschen sind wie Magnete, wir ziehen das an, worauf wir uns innerlich ausrichten. Das gilt für Positives natürlich genauso wie für Negatives. Es gibt also viele gute Gründe, verstärkt auf die positiven Dinge zu achten.

Wenn Sie bewusst auf die positiven Seiten Ihres Lebens achten, stärken Sie Ihre innere Zufriedenheit.

Ich nehme das Leben leicht und erledige beschwingt meine täglichen Aufgaben.

32. Beschwingte Leichtigkeit

Der Schmetterling

Setzen Sie sich auf den Boden und ziehen Sie Ihre Füße so nah wie möglich an den Körper. Legen Sie die Fußsohlen aneinander und greifen Sie mit Ihren Händen an die Zehen. Verankern Sie sich über die Sitzbeinhöcker in der Erde und achten Sie auf einen aufrechten Rücken. Heben Sie Ihr Brustbein leicht an und entspannen Sie Schultern und Nacken. Nun bewegen Sie sanft dehnend Ihre Knie auf und ab. Stellen Sie sich vor, Ihre Beine seien die Flügel eines Schmetterlings, der über eine bunte Frühlingsblumenwiese flattert. Können Sie die Leichtigkeit in dieser Bewegung fühlen? Spüren Sie die Fröhlichkeit der Farben, der Sonne, der milden Wärme?

Beenden Sie dann die Flatterbewegung und verweilen Sie noch ein paar Atemzüge lang in der Haltung. Lassen Sie die Schwerkraft arbeiten und Ihre Knie weiter Richtung Boden sinken. Entspannen Sie sich in die Dehnung der Hüften hinein.

Der Schmetterling öffnet die Hüften, dehnt die Beininnenseiten, stimuliert die Durchblutung der Beckenorgane und bringt fröhliche Leichtigkeit.

Leichtigkeit, Fröhlichkeit und Harmonie sind unser natürlicher Seinszustand. Wir können diese Gefühle und Einstellungen hervorrufen und in unserem Inneren spüren, und zwar in jeder Lebenssituation. Denn oft ist es nur unsere innere Schwere, die uns etwas als problematisch oder schwierig erscheinen lässt. Entscheiden wir uns bewusst für die Leichtigkeit, können wir auch wieder andere Aspekte der jeweiligen Situation sehen.

Wann und wie spüren Sie Leichtigkeit? Wie können Sie jetzt gerade die Leichtigkeit in Ihr Leben einladen?

Auch die täglichen Pflichten und Aufgaben des Lebens und die Verantwortung können mit Leichtigkeit und Fröhlichkeit erfüllt und übernommen werden. Wie? Indem wir es einfach beschließen! Das ist ein guter erster Schritt.

Sollte Ihr Leben gerade etwas mühsam sein, dann stellen Sie sich die Frage, was das Leichteste und Liebevollste ist, das Sie tun können. Allein die Beschäftigung mit der Frage bringt neue Ideen und leichtere Wege können sich zeigen.

In Harmonie und Liebe nehme ich die Welt wahr.

33. Mit dem Herzen sehen

Das Kuhgesicht

Bringen Sie das rechte Knie über das linke und beide Fersen Richtung Gesäß. Sie können aber auch den Schneider- oder Fersensitz einnehmen. Heben Sie dann den linken Arm und ziehen Sie die linke Hand nach unten, Wenn Sie sie mit der rechten Hand nicht fassen können, überbrücken Sie den Abstand mit einem Gurt oder einem Tuch. Achten Sie darauf, dass Ihr Kopf aufrecht und Ihr Nacken entspannt bleibt. Nach ein paar tiefen Atemzügen lösen Sie die Stellung, spüren kurz nach und wechseln dann die Seiten.

Spüren Sie, wie diese Armhaltung Ihnen einen offenen Blick nach vorne ermöglicht und Ihren Herzraum weit macht?

Das Kuhgesicht dehnt die Wirbelsäule, öffnet die Schultern, weitet den Herzraum und ermöglicht einen unvoreingenommenen Blick.

Wie wäre es, die Welt mit einem gänzlich unvoreingenommenen Blick zu sehen? Einfach nur wahrzunehmen und uns weder von der Meinung anderer noch von den vielen Gedanken und Bewertungen, die uns durch den Kopf schwirren, beeinflussen zu lassen? Sich bewusst werden, was ist, ohne gleich wieder etwas wissen zu müssen. Sehen, ohne den Intellekt zu bemühen. Erleben, ohne zu kritisieren. Mit dem Herzen sehen.

Wenn Sie mit dem Herzen in Ihre Umgebung schauen, was sehen Sie dann?
Gibt es etwas Bestimmtes oder jemanden Bestimmten, das oder der gerade einen Blick aus dem Herzen brauchen könnte?

Der Blick aus dem Herzen sollte übrigens nicht nur für die Menschen reserviert sein, die wir ohnehin schon mögen. Gerade jene, die uns besonders herausfordern, könnten vielleicht einen liebevollen Blick von uns brauchen. Denn mit der veränderten Wahrnehmung – mit dem urteilslosen Blick aus dem Herzen – wird auch unser eigenes Leben wieder harmonischer.

Versuchen Sie eine bestimmte, vielleicht gerade schwierige Situation mit einem Blick aus dem Herzen zu betrachten. Sie werden mit Sicherheit neue Aspekte erkennen.

Entspannt und vertrauensvoll lasse ich den Dingen ihren Lauf.

34. Es manchmal einfach sein lassen

Der Hund

Kommen Sie in den Vierfüßlerstand, die Handgelenke genau unterhalb der Schultern, die Knie unterhalb der Hüftgelenke. Drücken Sie Ihre Handflächen fest in den Boden, heben Sie die Knie und schieben Sie Ihr Gesäß Richtung Himmel. Entspannen Sie Ihren Nacken und machen Sie Ihren Rücken so lang wie möglich, indem Sie sich vorstellen, mit den Händen den Boden nach vorne wegzuschieben und gleichzeitig den Bauch Richtung Oberschenkel zu ziehen. Das Gesäß strebt nach oben. Wenn Ihr Rücken lang ist, versuchen Sie die Knie durchzustrecken und die Fersen Richtung Boden zu ziehen. Atmen Sie tief in die Stellung hinein. Spüren Sie, wie Sie Ihre Gedanken loslassen können und wie Ihr Nervensystem zur Ruhe kommt?

Der Hund kräftigt den gesamten Körper, dehnt den Rücken sowie die Beinrückseiten. Er wirkt beruhigend und ausgleichend.

Gelassenheit ist eine Kunst, die man lernen kann. Warum sich über etwas Unangenehmes aufregen, wenn wir es ohnehin nicht ändern können? Etwas sein zu lassen, weil es eben so ist, sich zu entspannen, zurückzuziehen und den Tag vergehen zu lassen, weil der nächste ohnehin schon wieder etwas Neues bietet – das bringt Gleichgewicht ins Leben.

Wir können außerdem immer darauf vertrauen, dass es einen Ausweg geben wird, eine neue Perspektive oder eine neue Möglichkeit. Die besten Ideen kommen meist dann, wenn wir gelassen sind. Allzu angestrengtes Nachdenken und Grübeln führen oft nicht zu guten Lösungen.

Können Sie ein schwieriges Thema für einen Moment sein lassen?
Welche anderen Gedanken und Möglichkeiten hätten dann wieder Platz?

Sich zu entspannen und etwas sein zu lassen, heißt noch lange nicht, aufzugeben. Es bedeutet nur, Raum frei zu machen für neue Ideen und andere Sichtweisen.

Kehren Sie einer schwierigen Situation einfach ganz bewusst den Rücken zu. Allein dadurch kann sich etwas entspannen.

Ich bin in Verbindung mit Himmel und Erde.

35. Mich ausrichten

Berghaltung im Stehen

Stellen Sie sich hüftbreit hin, ziehen Sie Ihr Steißbein sanft nach vorne, richten Sie Ihren Rumpf auf und heben Sie Ihr Brustbein. Die Schultern sind locker, der Nacken ist lang und entspannt. Stellen Sie sich vor, wie aus Ihren Fußsohlen Wurzeln in die Erde wachsen und lassen Sie mit jedem Einatmen Energie über diese Wurzeln in Ihren Körper strömen. Dann stellen Sie sich einen silbernen Faden vor, der Ihren Scheitel mit dem Himmel verbindet. Mit jedem Ausatmen strömt Himmelsenergie von oben in Ihren Körper. Spüren Sie, wie die Energie der Erde und des Himmels sich in Ihnen verbinden, Sie nähren und inspirieren?

Diese Ausrichtung hilft uns, uns zu zentrieren und versorgt uns mit nährender und frischer Kraft.

Wir Menschen sind die perfekte Verbindung von Himmel und Erde. Über das Scheitelchakra reicht unsere Energie in das Universum hinaus. Über das Wurzelchakra sind wir in der Erde verankert. Der Himmel inspiriert und die Erde nährt uns. Wenn wir uns bewusst nach oben und nach unten öffnen, spüren wir unser Eingebundensein in ein größeres Ganzes.

Welche Inspiration spüren Sie, wenn Sie sich dem Himmel zuwenden?
Welche Form der Nahrung und Sicherheit bietet die Erde für Sie?

Die Energien von Himmel und Erde fließen in uns zusammen. In unserem ureigensten Ausdruck bringen wir diese Energien in die Welt. Als Teil der Schöpfung und als Schöpfer zugleich nehmen wir auf, transformieren und erschaffen. Wir sind verbunden mit den unbegrenzten Energiequellen von Himmel und Erde, die uns in jeder Situation zur Verfügung stehen.

Stellen Sie sich über Ihren Scheitel eine Verbindung zum Himmel und über Ihre Füße eine Verbindung zur Erde vor. Sie können sich auf diese Weise jederzeit mit neuer Energie aufladen.

In meinem Leben wechseln sich Aktivität und Ruhe harmonisch ab.

36. Durchatmen

Die Wechselatmung

Kommen Sie in eine angenehme Sitzposition und richten Sie Ihren Rücken auf. Lassen Sie den Atem einige Zeit ruhig fließen, ohne ihn zu beeinflussen. Dann legen Sie Mittel- und Zeigefinger der rechten Hand an den Daumenballen und führen die Hand zur Nase. Der Ringfinger liegt am linken Nasenflügel, der Daumen am rechten. Beim nächsten Einatmen verschließen Sie mit dem Daumen das rechte Nasenloch. Dann wechseln Sie den Druck, verschließen also mit dem Ringfinger das linke Nasenloch und atmen rechts aus. Atmen Sie rechts ein, wechseln Sie wieder den Druck und atmen Sie links aus. Führen Sie diese Wechselatmung so lange mit gleichmäßiger Ein- und Ausatmung aus, wie sie für Sie angenehm ist. Lassen Sie dann die Hand sinken und beobachten Sie Ihren natürlichen Atemfluss. Können Sie wahrnehmen, ob sich mit der Beruhigung des Atems auch Ihr Geist entspannt hat?

Die Wechselatmung harmonisiert die beiden Körper- und die Gehirnhälften. Sie bringt Ausgleich zwischen Aktivität und Entspannung.

Außer Atem zu sein ist fast schon eine Beschreibung unserer Zeit. Weiterhetzen von einer Aufgabe zur nächsten, noch schneller und noch intensiver leben, denn sonst könnten wir ja etwas Wichtiges verpassen. Oft fehlt da der Ausgleich. Vor lauter Aktivität vergessen wir, dass wir auch die Ruhe als Gegenpol brauchen.

Das Ein- und Ausatmen gibt uns einen natürlichen Rhythmus vor. Nach der Aktivität brauchen wir auch wieder unsere Inseln der Ruhe, wollen loslassen und entspannen. Wenn Aktivität und Ruhe in Balance sind, wird das Leben harmonisch.

Wie fühlt sich ein bewusster Atemzug für Sie an? Können Sie den natürlichen Rhythmus Ihres Atems, das Ein- und Ausströmen der Luft, genießen?

Ein Atemzug für sich kann schon ein Genuss sein. Purer Genuss für einen entspannten, ruhigen, achtsamen Moment.

Nehmen Sie einen bewussten Atemzug, bevor Sie Ihre nächste Tätigkeit beginnen. Der Sauerstoff bringt frische Energie und belebt Körper und Geist.

In der Muße wächst meine Lebensfreude.

37. In der Hängematte

Das Krokodil

Legen Sie sich auf einer Matte oder einer weichen Decke flach auf den Rücken und breiten Sie die Arme aus. Dann winkeln Sie die Knie an und stellen die Füße so auf der Unterlage auf, dass die Fersen möglichst nah am Gesäß sind. Nun lassen Sie die Knie langsam auf die rechte Seite sinken, während Sie den Kopf auf die linke Seite drehen. Beide Schultern bleiben am Boden, die Knie sind nah beisammen, die Füße aneinandergelegt. Können Sie spüren, wie sich Ihr Körper nach und nach entspannt, wie er loslässt und in die Position hineinsinkt? Bleiben Sie so lange in der Haltung, wie sie Ihnen guttut. Dann kommen Sie langsam wieder in die Ausgangsposition und lassen die Knie auf die andere Seite sinken.

Im Krokodil erfährt die Wirbelsäule eine sanfte Drehung und der Herzraum wird wohltuend weit. Diese Haltung hilft, Körper und Geist zu entspannen.

Faul zu sein ist in unserer Kultur keine besonders angesehene Eigenschaft. Wir definieren uns hauptsächlich über Leistung und Aktivität. Damit bringen wir es auch zu etwas, wir entwickeln uns weiter, gestalten die Welt und machen vielleicht sogar Karriere.

Doch zu viel Druck und zu viel Spannung in unserem Körper oder in unserem Leben erzeugen Stress und können langfristig zu psychischen und physischen Krankheiten führen. Es gibt also einen guten Grund, manchmal einfach faul zu sein und das Nichtstun zu genießen.

Können Sie sich heute noch ein paar Minuten wahrhafte Faulheit gönnen? Wie entspannen Sie sich am besten?

Aus dem Ausgleich und der Faulheit kommt dann auch wieder die Freude an der Aktivität. Die besten Ideen entstehen oft in Mußestunden.

Hängen Sie auch im Alltag immer wieder die innere oder äußere Hängematte auf und genießen Sie ganz ohne schlechtes Gewissen ein paar kostbare Minuten purer Faulheit.

Mein Kopf ist entspannt und frei.

38. Urlaub für den Kopf

Vorbeuge über beide Beine

Setzen Sie sich auf den Boden und verbinden Sie sich über Ihre Sitzbeinhöcker mit der Erde. Dann heben Sie die Arme gestreckt über den Kopf und beugen sich mit langem Rücken aus der Taille heraus über die Beine, sodass der Bauch auf den Oberschenkeln liegt. Winkeln Sie dazu die Knie so weit wie nötig an. Fassen Sie nun mit den Händen an Ihre Füße, ziehen Sie das Brustbein Richtung Zehen und lassen Sie Ihre Fersen langsam vom Körper weggleiten, wobei der Bauch stets Kontakt zu den Oberschenkeln hat. Behalten Sie die Länge im Rücken bei und atmen Sie intensiv in die Dehnung hinein. Nach einigen Atemzügen können Sie versuchen, die Fersen weiter vom Körper wegzubewegen. In dieser Übung können Sie relativ lange verweilen, denn der Körper braucht Zeit, um alle seine Schichten zu entspannen und der Dehnung nachzugeben. Spüren Sie, wie gut es tut, Oberkörper und Kopf nach und nach sinken zu lassen?

Diese Vorbeuge dehnt den unteren Rücken und die Beinrückseiten, regt die Verdauung an und hilft, loszulassen und zu entspannen.

Unser Kopf hat jeden Tag viel Arbeit zu leisten. Denken, blitzschnell Lösungen finden und reagieren, Entscheidungen treffen, planen und vorbereiten – kein Wunder, dass er manchmal allzu voll ist oder sogar schmerzt.

Wie wäre es, den Kopf einfach einmal in den Urlaub zu schicken? Sich für die großartige Arbeit, die er für uns macht, zu bedanken, ihn anzuerkennen für die permanenten Leistungen – und ihm ein wenig Auszeit zu gönnen? Das bringt unserem Körper, unserer Seele und vor allem auch dem Kopf ganz viel neue Kraft.

Wie voll ist Ihr Kopf jetzt gerade? Wobei kann Ihr Kopf sich am besten erholen?

Wenn wir ganz still sind oder eine Tätigkeit verrichten, bei der wir uns stark auf den Körper oder die Hände konzentrieren, kann der viel beschäftigte Kopf sich ausruhen. So regeneriert er und wir können anschließend die Welt mit neuen Augen betrachten.

Finden Sie heraus, was Ihrem Kopf Erholung verschafft. Ist es Gärtnern, Trommeln, Tanzen, Singen, Spazierengehen, Kochen …?

Ich genieße die Sinnlichkeit meines Lebens.

39. Das Leben genießen

Der Herzbaum

Legen Sie sich in Rückenlage auf eine weiche Decke oder Matte und finden Sie eine angenehme Position für Kopf und Nacken. Schließen Sie die Augen, lassen Sie Ihre Atmung zur Ruhe kommen und geben Sie Ihr Körpergewicht ganz an den Boden ab.

Dann überkreuzen Sie die Füße, sodass die rechte Wade auf dem linken Schienbein liegt. Breiten Sie die Arme seitlich am Boden aus. Mit dem nächsten Ausatmen führen Sie Ihren linken Arm in einem großen Bogen über den Körper, bis die linke Hand auf der rechten liegt. Ihr Körper folgt passiv dieser Drehbewegung. Während Sie einatmen, streichen Sie mit der linken Hand am rechten Arm entlang, über Ihre Brust und über Ihr Herz. Dann legen Sie den linken Arm wieder am Boden ab und führen mit dem nächsten Atemzug die Bewegung seitenverkehrt aus. Nach einigen Wiederholungen wechseln Sie die Position der Beine. Spüren Sie, wie wohltuend und liebevoll Sie sich selbst berühren können?

Der Herzbaum beruhigt das Nervensystem, öffnet das Herz und ist eine Wohltat für Körper und Seele.

Das Leben zu genießen ist eine Kunst, die gepflegt werden will. Genuss und Wohlbefinden sind nicht unbedingt von äußeren Umständen oder bestimmten Tageszeiten abhängig.

Was könnte Ihnen jetzt gerade Körpergenuss bereiten?
Wobei können Sie Ihren Körper am besten spüren?

Sie sind immer und jederzeit möglich! Wir können uns strecken und recken, gähnen und tief durchatmen, die Hände massieren oder uns mit Düften oder Geschmäckern verwöhnen.

Unser Körper lässt uns so viele Erfahrungen machen – essen, trinken, schlafen, berühren, bewegen ... sinnliches Erleben braucht nicht viel. Je besser wir uns selbst kennen, desto mehr Genuss können wir erfahren.

Sinnliche Berührung des Körpers ist natürlich ein besonderer Genuss. Den können Sie sich auch jederzeit selbst bereiten – streichen Sie sanft über Ihren Körper oder lassen Sie die Hände an einer Stelle ruhen, die gerade Zuwendung braucht.

Ich tauche ein in das Glück des Augenblicks.

40. Einfach liegen, einfach sein

Totale Entspannung

Legen Sie sich auf den Rücken, die Beine leicht gegrätscht. Die Arme liegen seitlich am Körper, ohne diesen jedoch zu berühren. Die Handflächen zeigen nach oben. Damit Sie wirklich angenehm liegen, können Sie ein Kissen unter die Knie schieben oder die Beine aufstellen.

Beobachten Sie, wie sich Ihre Bauchdecke mit jedem Atemzug sanft hebt und senkt. Mit jedem Ausatmen sinken Spannungen und Körpergewicht in den Boden. Verweilen Sie einige Minuten in dieser Stellung und lassen Sie Ihre Gedanken vorbeiziehen, ohne sie zu bewerten. Kehren Sie immer wieder zum Atem zurück. Dann lassen Sie Ihren Atem bewusst wieder tiefer werden. Spüren Sie, wie mit jedem Einatmen frische Energie in Ihren Körper strömt und jede Zelle belebt und nährt?

Diese Übung, die im Yoga als »Totenstellung« bezeichnet wird, führt zu tiefer Entspannung und ist ideal, um zwischendurch aufzutanken und dem Rücken Gutes zu tun.

In den Tag hineinleben und einmal nichts tun. Einfach nur sein, ohne Pläne, ohne Pflichten und vor allem ohne Kalender. Eine solche Auszeit ist den meisten von uns nur für kurze Zeit im Urlaub vergönnt. Oder dann, wenn der Körper nicht mehr mitspielt und krank wird – Zwangspause sozusagen.

Wie wäre es also mit ein wenig Auszeit für zwischendurch? Ein paar Minuten lang einfach nur die Zeit vergehen lassen – auch das ist eine Form von Glück. Das Glück des Nichtstuns.

Können Sie das Nichtstun genießen? Wie oft können Sie sich erlauben, einfach einmal nichts zu tun?

Eine paar Momente des Nichtstuns sind keine verlorene Zeit. Im Gegenteil – sie führen Sie zu sich selbst.

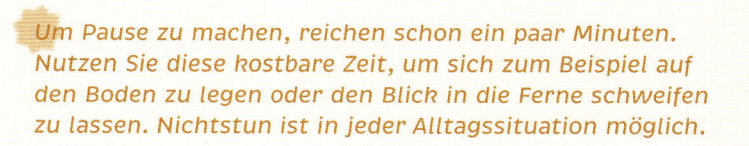

Um Pause zu machen, reichen schon ein paar Minuten. Nutzen Sie diese kostbare Zeit, um sich zum Beispiel auf den Boden zu legen oder den Blick in die Ferne schweifen zu lassen. Nichtstun ist in jeder Alltagssituation möglich.

Ruhig und geborgen bin ich ganz bei mir.

41. Träumen wie ein Kind

Stellung des Kindes

Kommen Sie in den Fersensitz. Lassen Sie den Bauch auf die Oberschenkel und die Stirn auf den Boden sinken, wobei das Gesäß auf den Fersen bleibt. Bei Bedarf schieben Sie ein Kissen zwischen Fersen und Gesäß. Sie können die Oberschenkel etwas öffnen, damit kein Gefühl der Enge im Bauch- und Brustraum entsteht. Die Arme liegen neben dem Körper, oder Sie bauen mit den Fäusten ein »Türmchen« und legen Ihre Stirn darauf ab. Spüren Sie, wie der Atem Ihre Bauchdecke sanft gegen die Oberschenkel drückt. Überlassen Sie Ihr Gewicht dem Boden. Können Sie völlig in die Friedlichkeit des Augenblicks eintauchen?

Die Stellung des Kindes regt die Verdauung an, dehnt sanft die Rückenmuskulatur, beruhigt den Geist und das Nervensystem.

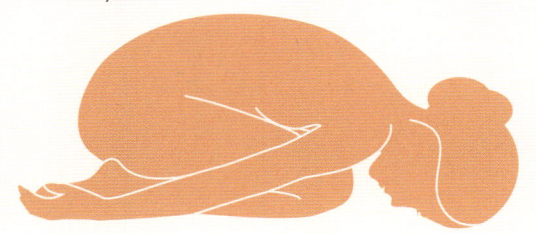

Manchmal fordert sie uns ganz schön, die große Welt da draußen. Arbeit, Familie, Freunde ... und dann wollen wir auch noch an uns selbst denken, uns gesund ernähren, genügend Sport treiben und etwas für unsere Seele tun. Doch das, was unsere Seele am dringendsten bräuchte, sind Zeiten, in denen wir still werden, dem Atem lauschen und in uns gehen. Nur für zwei Minuten. Das wäre schon einmal ein Anfang.

Wirklich nur zwei Minuten? Ja, so kurze Zeit kann schon ausreichen, um uns wieder in Kontakt mit uns selbst zu bringen. Zwei Minuten sind selbst im stressigsten Tagesablauf einzuplanen. Denn Ruhe ist immer in uns vorhanden, auch wenn sie manchmal ziemlich stark überdeckt ist von den lauten Geräuschen der Außenwelt.

Stellen Sie sich vor, Sie sind ein Kind im Mutterleib: Sie schweben geborgen im warmen Fruchtwasser, Geräusche dringen nur gedämpft an Ihre Ohren, die Augen sind geschlossen und Sie beginnen zu träumen ...

Welche Gedanken oder Bilder kommen Ihnen in den Sinn, wenn Sie träumen wie ein Kind?
Was würden Sie sich jetzt gerade wünschen?

Zwei Minuten sind in der äußeren Welt fast gar keine Zeit, bedeuten aber viel Ruhe, Entspannung und Geborgenheit in Ihrer inneren Welt.

Nehmen Sie sich immer wieder Zeit, um innezuhalten. Zum Beispiel, indem Sie die Augen schließen und für einen Moment in Ihrer inneren Ruhe verweilen.

Ich vertraue mich einem größeren Ganzen an.

42. Vertrauensvolle Hingabe

Die Niederwerfung

Kommen Sie auf Ihre Knie und falten Sie die Hände vor der Brust. Schließen Sie für einen Moment die Augen, lauschen Sie Ihrem Atem und lassen Sie Ihren Geist zur Ruhe kommen. Dann legen Sie mit dem Ausatmen Ihr Gesäß auf den Fersen ab und kommen mit der Stirn zu Boden. Die Arme sind nach vorne ausgestreckt. Versuchen Sie, in dieser Position völlig loszulassen und sich ganz der Erde zu überantworten. Nach einigen Atemzügen falten Sie die Hände und legen sie in den Nacken. Mit dieser Geste können Sie sich selbst segnen. Spüren Sie, nachdem Sie sich aufgerichtet haben, kurz nach: Konnten Sie Vertrauen in eine allumfassende Harmonie erfahren?

Niederwerfungen verbinden uns mit der Erde und vermitteln uns ein Gefühl von Segen und Getragensein.

Manchmal sind die Dinge zu groß, als dass wir Sie verstehen oder aus eigener Kraft bewältigen können. Manchmal läuft das Leben so gar nicht nach unseren Wünschen. Manchmal scheint es, als gebe es keinen Ausweg. Dann fällt es uns schwer, in all dem einen Sinn zu sehen.

In diesen Momenten tut es unendlich gut, auf eine höhere Macht zu vertrauen, zuversichtlich die eigenen Geschicke in das größere Ganze einzuordnen. Denn das Universum strebt immer nach Harmonie. Diese Harmonie wird auch unser eigenes Leben wieder erfüllen, selbst wenn wir es im Moment noch nicht sehen können.

Gibt es ein größeres Ganzes, in das Sie sich eingebunden fühlen?
In welchen Situationen können Sie diese Eingebundenheit besonders gut wahrnehmen?

Sich als Teil eines größeren Gefüges zu sehen, einen Augenblick lang Abstand zu nehmen und alles von außen zu betrachten macht auch deutlich, wie wichtig jeder und jede Einzelne von uns ist. Denn wir alle zusammen machen die Welt und das Universum aus.

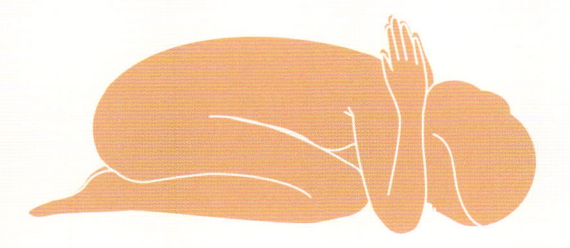

Was Sie nicht ändern können, wird leichter zu bewältigen, wenn Sie darauf vertrauen, dass es einen Sinn hat. Wenn Sie sich auf die Harmonie des Universums ausrichten, wird sich dieser Sinn irgendwann ganz von selbst zeigen.

Aus der Tiefe schöpfe ich meine Kraft.

43. Abtauchen

Der Atem der summenden Biene

Kommen Sie in einen bequemen Sitz – auf einem Stuhl oder im Schneider- oder Fersensitz auf dem Boden. Sie können auch die Knie anwinkeln und hochstellen und während der Übung die Ellbogen darauf ablegen. Richten Sie Ihren Rücken auf und entspannen Sie Schultern und Nacken. Verschließen Sie dann mit Ihren Daumen die Ohren und legen Sie Ihre Finger über die geschlossenen Augen. Atmen Sie tief ein und lassen Sie mit dem Ausatmen ein langes Summen ertönen. Wiederholen Sie dieses Summgeräusch mehrmals in einer für Sie angenehmen Tonhöhe. Nehmen Sie sich auch für das Einatmen dazwischen genug Zeit. Können Sie die heilsamen Vibrationen im ganzen Körper fühlen?

Bleiben Sie nach der Übung noch ein paar Augenblicke lang mit geschlossenen Augen sitzen und nehmen Sie wahr, wie Ihr Atem fließt.

Die Summ-Atmung wirkt beruhigend und hilft, Ängste, Ärger und Sorgen loszulassen.

Die Augen zumachen, die Ohren zuhalten, nichts mehr sehen und hören von der Umwelt. Abtauchen in die Stille und in die Geborgenheit des eigenen Seins. Die Welt und die Zeit anhalten. Den Augenblick spüren.

Gar nicht einfach, sich dafür Zeit und Raum zu nehmen, und doch so heilsam, wenn wir es tun. Selbst wenn im Außen Trubel und Chaos herrschen – für einen Moment können wir so tun, als wäre die Welt perfekt in Ordnung.

Können Sie für einen Moment ganz aus Ihrem Leben aussteigen?
Welche neuen Perspektiven könnte so ein Moment für Sie bringen?

Vielleicht ist die Welt immer noch nicht perfekt, wenn wir wieder auftauchen. Aber ein Augenblick des Rückzugs bringt Kraft und neue Sichtweisen.

Wenn nichts mehr geht, ist es Zeit, einfach mal anzuhalten. Oft sieht die Welt einen Moment später schon wieder ganz anders aus.

*Eingebunden in das Netz
des Lebens
gehe ich meinen Weg
voller Zuversicht.*

44. Das Netz des Lebens

Geste der Zuversicht

Diese Handhaltung können Sie jederzeit ausführen, im Stehen, Sitzen oder Liegen. Verschränken Sie einfach die gestreckten Finger und legen Sie Ihre Hände auf Ihre Brust. Wenn Sie eine bestimmte Frage haben, auf die Sie im Moment keine Antwort wissen, können Sie diese im Geist formulieren, um sie dann wieder loszulassen. Sie können aber auch einfach um Unterstützung bitten, während Sie die Mudra halten. Ihre Bitte muss nicht an eine bestimmte Person gerichtet sein – überlassen Sie es dem Universum, die richtige Hilfe für Sie bereitzustellen. Verweilen Sie einige Zeit in dieser Haltung, während Sie den Atem fließen lassen.

Spüren Sie, wie Vertrauen und Zuversicht in Ihrem Inneren wachsen?

Diese Handgeste hilft, besser mit Zweifeln, Befürchtungen und aufkommenden Ängsten umzugehen und diese zu transformieren.

Alles ist mit allem verbunden. Wir sind eingebunden in das Netz des Lebens und auf diese Weise nie allein. Gleichzeitig ist in diesem Netz auch immer Raum für unsere persönlichen Anliegen, denn das Universum ist unendlich und dehnt sich weiter aus. Auch unsere Wünsche und Bedürfnisse haben darin Platz.

Im alltäglichen Leben sind wir ebenfalls in ein engmaschiges Netzwerk eingebunden: Partner, Familie, Freunde, Arbeit, Sportkollegen, Gesellschaft ... sie alle bieten uns Stabilität und ermöglichen uns Orientierung. Es gibt immer eine helfende Hand für uns – manchmal müssen wir einfach nur danach fragen.

Welchen Platz geben Sie sich selbst in einem größeren Gefüge?
Wie bereichert Sie dieses Eingebundensein?

Eingebunden zu sein, schafft Vertrauen. Wenn es ein Netz gibt, können wir niemals ins Bodenlose fallen. Immer wird etwas oder jemand da sein, das oder der uns auffängt.

Wenn Sie sich in einer bestimmten Situation überfordert fühlen, dann erinnern Sie sich an Ihr Eingebundensein in ein größeres Netz. Von irgendwo kommt mit Sicherheit Unterstützung.

Ich nehme alle meine Gefühle liebevoll an.

45. Alle meine Gefühle

Wut-Übungen

Wenn Sie einmal wütend oder frustriert sind, können Ihnen diese beiden Übungen helfen, Ihre Gefühle auszudrücken und loszulassen: 1. Stellen Sie sich aufrecht hin und spüren Sie, wo Ihre Fußsohlen den Boden berühren. Dann gehen Sie leicht in die Knie, beugen Ihren Oberkörper nach vorne und stampfen abwechselnd und möglichst schnell mit Ihren Füßen. Nicht die Luft anhalten, sondern tief und bewusst atmen! Wenn Sie dabei schreien wollen, tun Sie es. Alles ist erlaubt. 2. Eine andere Möglichkeit ist, im Stehen mit dem Einatmen die Arme zu heben und mit dem Ausatmen Arme und Oberkörper Richtung Boden fallen zu lassen, während Sie die Knie leicht beugen. Auch hierbei können Sie laut seufzen, stöhnen oder die Luft geräuschvoll entweichen lassen. Wiederholen Sie die Bewegung so oft, wie Sie Ihnen guttut, und spüren Sie ihr einige Atemzüge lang nach. Fühlen Sie, wie Sie mit den körperlichen auch emotionale Anspannungen losgelassen haben?

Diese Wut-Übungen bauen Ärger sowie aufgestaute Aggressionen ab und tragen zu emotionaler Ausgeglichenheit bei.

Haben Sie auch manchmal einen schlechten Tag?

Nicht alles ist perfekt in unserem Leben. Neben den wunderbaren Gefühlen von Liebe, Freude und Begeisterung kennen wir alle die Wut, die Trauer und die Verzweiflung. Auch wenn wir sie nicht gern haben: Diese Gefühle gehören zum Leben.

Welche unangenehmen oder negativen Gefühle spüren Sie jetzt gerade?
Können Sie auch diese Gefühle liebevoll annehmen?

Wenn wir nicht flüchten, sondern wahrnehmen, was da ist, können sich unangenehme oder negative Gefühle schnell wandeln. Wir brauchen nicht alles auszuleben, auszusprechen oder gleich etwas zu verändern. Wenn wir einfach annehmen, was ist, kann schon etwas heilen.

Gefühle können ein wertvoller Hinweis sein, aber sie sind veränderbar und nicht immer die absolute Wahrheit oder eine unbedingte Handlungsaufforderung.

Unangenehme Gefühle brauchen Ihre Anerkennung, Ihre Liebe und Ihr Mitgefühl. So können sie sich ganz von selbst wandeln.

Ich höre die Botschaften meiner inneren Stimme.

46. In meiner Mitte

Gebetshaltung

Kommen Sie in eine angenehme Position, entweder kniend, im Fersen- oder Schneidersitz oder im Stehen. Führen Sie mit dem Ausatmen langsam und bewusst die Handflächen vor der Brust zusammen. Berühren Sie das Brustbein sanft mit den Daumen und nehmen Sie Verbindung zu Ihrem Herzen auf. Lassen Sie Ihr Kinn leicht Richtung Brustbein sinken. Nehmen Sie wahr, wie sich Ihr Brustkorb mit jedem Atemzug hebt und senkt.

Nun können Sie die gefalteten Hände ein paar Zentimeter nach links bewegen, dann nach rechts. Führen Sie dann Ihre Hände zum Brustbein zurück.

Spüren Sie, wie es sich anfühlt, die eigene Mitte zu verlassen und zu ihr zurückzukehren?

Diese Geste wird häufig als Gruß oder als Ausdruck von Verbundenheit und Dankbarkeit ausgeführt. In Verbindung mit dem Wort »Namasté« bedeutet sie in etwa: »Das Göttliche in mir verneigt sich vor dem Göttlichen in dir«. Diese Handhaltung ist wunderbar geeignet, um uns vor der Weisheit unseres Herzens zu verneigen.

Fühlen Sie sich gerade ein wenig aus der Mitte? Fällt es Ihnen schwer, sich selbst zu spüren?

Dann lohnt sich ein Moment der Stille. Wenn es in uns und rund um uns still wird, können wir unsere innere Stimme wieder hören. Sie flüstert uns zu und teilt uns ihre Weisheit mit.

Wie können Sie Ihre innere Stimme wahrnehmen? Welche Botschaft hat diese Stimme jetzt gerade für Sie?

In der Stille können wir uns am besten spüren. Selbst wenn wir uns in einer schwierigen Situation befinden, kennt die innere Stimme einen Weg, um wieder heil und ganz zu werden, denn sie ist verbunden mit einer größeren Weisheit.

Die innere Stimme ist nur in der Stille hörbar. Gönnen Sie sich ein paar Minuten und lauschen Sie der Weisheit, die tief aus Ihrem Inneren kommt.

Mein Herz öffnet sich mehr und mehr für das Leben.

47. Heilen und wachsen

Der Fisch

Legen Sie sich flach auf den Rücken und finden Sie eine angenehme Position für Ihren Kopf und Ihren Nacken. Bringen Sie die Hände unter das Gesäß, die Handflächen zeigen nach unten. Nun stützen Sie die Unterarme kraftvoll auf und heben mit dem Einatmen Ihren Oberkörper, wobei Ihr Brustbein die Bewegung führt. Verlängern Sie Ihre Wirbelsäule, ziehen Sie die Schulterblätter zueinander und gleichzeitig Richtung Gesäß. Mit nach oben gewölbtem Brustkorb senken Sie ausatmend den Scheitel zu Boden, ohne jedoch den Kopf mit zu viel Gewicht zu belasten. Hals und Nacken sollten dabei entspannt bleiben. Atmen Sie bewusst und ruhig in diese Haltung hinein und dehnen Sie die Fersen vom Körper weg. Spüren Sie, wie offen Ihr Brustraum ist und wie Ihre Schulterblätter Ihr Herz wie in einer Schale halten?

Um der Übung nachzuspüren, können Sie die Knie zur Brust heranziehen, mit den Händen umschlingen und den Kopf zu den Knien führen.

Der Fisch dehnt die Körpervorderseite, kräftigt den Nacken und öffnet intensiv unser Herz.

Unser Herz muss so manches aushalten. Es kann springen vor Freude und es kann brechen vor Leid. Das Herz will sich schützen, aber nicht einmauern. Das Herz will leben und sich wieder öffnen, selbst wenn es einmal gebrochen ist. Es hat enorme Heilungskräfte, die wir nicht nur uns selbst, sondern auch den Menschen um uns herum zur Verfügung stellen können.

Was hat Ihr Herz Ihnen zu erzählen? Was braucht Ihr Herz, um heilen und weit werden zu können?

Auch Schmerz und Trauer gehören zum Leben. Nur wer die Tiefe kennt, kann auch Höhenflüge erleben. Wenn wir die eigene Zerbrechlichkeit und Verletzlichkeit annehmen, öffnet das unser Herz. Es wartet sehnsüchtig auf die Erfahrung von Offenheit.

Und wenn es doch wieder verletzt wird? Es kann jedes Mal erneut heilen! Nur indem wir uns und unser Herz immer wieder aufs Neue öffnen, können wir das Leben in all seinen vielseitigen Facetten erfahren.

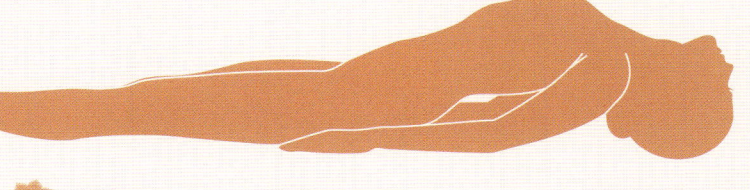

Wenn Sie in einer bestimmten Situation Angst vor einer Verletzung haben, dann erinnern Sie sich bewusst an Ihr wundervolles Herz, das so viel Liebe zu geben hat und das immer wieder heilen und wachsen kann.

*Ich erfülle meine Sehnsüchte
mit Herz und Hand.*

48. Mit Herz und Hand

Herz-Mudra

Kommen Sie in einen bequemen Sitz auf den Boden oder setzen Sie sich auf einen Stuhl. Achten Sie auf einen aufrechten Rücken, entspannen Sie Ihre Schultern und lassen Sie sich über den Scheitel nach oben wachsen. Schließen Sie die Augen und lassen Sie Atem und Gedanken zur Ruhe kommen. Legen Sie nun Daumen und Ringfinger der linken Hand aneinander, bei der rechten Hand Daumen und Mittelfinger (Männer nehmen die Handhaltung seitenverkehrt ein). Während Sie Ihre Hände in dieser Geste entspannt auf den Knien ruhen lassen, bringen Sie Ihre Aufmerksamkeit zu Ihrem Herzraum. Wenn Sie möchten, können Sie Ihr Herz fragen, was sein größter Wunsch ist. Sie können aber auch ohne bestimmte Absicht in dieser Haltung verweilen, den Atem fließen lassen und aufmerksam beobachten, was in Ihrem Inneren vorgeht. Vielleicht taucht ja ganz von selbst ein sehnsüchtiger Wunsch auf?

Die Herz-Mudra verbindet uns mit der liebenden Qualität unseres Herzens.

Wir alle tragen Sehnsüchte in unserem Herzen. Große Wünsche, die wir uns nicht einmal laut auszusprechen trauen. Wie wäre es, diese Sehnsüchte auch zu leben? Sind auch unsere großen Träume erfüllbar?

Vielleicht ist nicht alles gleich im ersten Augenblick möglich. Doch wenn wir Herz und Hand verbinden, können wir uns Schritt für Schritt unseren Visionen nähern. Die Hände tun das, was die Stimme des Herzens spricht. Eine schöne Zusammenarbeit.

Welche Sehnsüchte tragen Sie in Ihrem Herzen? Welche konkreten Handlungen können Sie setzen, um Ihren Visionen einen Schritt näherzukommen?

Wenn wir aus dem Sehnen ein Tun werden lassen, können wir immer mehr unserer wahren Träume verwirklichen.

Jeder Weg beginnt mit dem ersten Schritt. Das kann auch ein ganz kleiner sein. Setzen Sie noch heute eine bewusste Handlung, die Sie der Erfüllung Ihrer Sehnsüchte näher bringt.

Ich bin dankbar für all die guten Dinge meines Seins.

49. Mich vor dem Leben verneigen

Der Kniekuss

Machen Sie aus dem stabilen Stand mit Ihrem rechten Fuß einen großen Schritt nach hinten. Richten Sie die Hüften nach vorne aus, beugen Sie sich in der Ausatmung mit geradem Rücken nach vorne, strecken Sie die Arme aus und ziehen Sie sich über die Krone des Kopfes in die Länge, während das Steißbein nach hinten zieht. Dann bringen Sie die Hände in Gebetshaltung hinter den Rücken. Sie können aber auch mit den Händen den jeweils gegenüberliegenden Ellbogen fassen und diese zueinander schieben. Ziehen Sie die Schultern in Richtung Gesäß. Falls die Dehnung zu intensiv ist, können Sie das vordere Knie leicht beugen. Verweilen Sie einige Atemzüge lang in dieser Haltung, bevor Sie die Seiten wechseln. Können Sie die Ehrfurcht vor dem Leben empfinden, während Sie sich verneigen?

Der Kniekuss dehnt die Beinrückseiten und symbolisiert Ehrfurcht vor uns selbst und dem Leben.

So viele Kleinigkeiten stressen und belasten uns. Wir stehen im Stau, ein Arbeitsprojekt verzögert sich, die Mitmenschen nerven ... Dabei übersehen wir manchmal, wie viel eigentlich ganz reibungslos verläuft, ohne dass wir etwas dafür tun.

Unsere Aufmerksamkeit ist leider viel zu oft nur auf das gerichtet, was nicht funktioniert. Dabei gibt es so viele Dinge, bei denen alles läuft und wunderbar zusammenwirkt, und die unser Leben zu einem einzigartigen Geschenk machen.

Es tut gut, ab und zu innezuhalten und Anerkennung zu zeigen – einfach für das, was es an Gutem in unserem Leben gibt. Darüber zu staunen, wie die großen Zusammenhänge in unser persönliches Leben hineinwirken und wie wir selbst, mit jedem unserer Gedanken und jeder unserer Handlungen, einen Beitrag zur universellen Entwicklung leisten.

Welche Bereiche Ihres Lebens laufen gerade wunderbar?
Können Sie dafür Dankbarkeit spüren?

Dankbarkeit bringt mehr von dem in unser Leben, wofür wir dankbar sind.

Schließen Sie den Tag mit einem Gedanken an all das Gute, das Sie erlebt haben, und nehmen Sie diese Dankbarkeit mit in Ihren Schlaf.

Lächelnd gehe ich durchs Leben und das Leben lächelt zurück.

50. Inneres Lächeln

Mudra der Glückseligkeit

Kommen Sie in einen aufrechten Sitz, auf einem Stuhl oder im Schneider- oder Fersensitz auf dem Boden. Legen Sie Ringfinger und kleine Finger der beiden Hände aneinander, während sich die anderen Finger leicht nach innen krümmen, ohne sich zu berühren. Die Hände ruhen in dieser Haltung entspannt im Schoß. Schließen Sie die Augen und beobachten Sie, wie Ihr Atem zur Ruhe kommt. Dann lassen Sie Ihre Wahrnehmung durch Ihren Körper wandern. Beginnen Sie mit den Füßen, gehen Sie über die Beine bis zu Ihrem Becken und spüren Sie, wo Ihr Gesäß auf dem Untergrund aufliegt. Spüren Sie in Ihren Bauchraum, die Brust, den Rücken, die Arme und Hände, die Schultern, den Nacken, den Kopf und das Gesicht. Liebkosen Sie in Gedanken jeden Ihrer Knochen, Muskeln und jede Ihrer Sehnen, jedes Ihrer Organe und auch Ihre Haut ... und schicken Sie allen Ihrer Körperzellen ein Lächeln. Spüren Sie, wie Ihr Körper dankbar zurücklächelt?

Die Mudra der Glückseligkeit tut den Beckenorganen gut. Sie vertieft den Atem und wirkt belebend.

Ein Lächeln kann Wunder bewirken. Wer lächelt, bringt Sonne und Freude in die Welt. Wenn wir jemanden anlächeln, verschönern wir den Tag dieses Menschen. In den meisten Fällen wird unser Lächeln sogar erwidert.

Lächeln können wir übrigens auch vor dem Spiegel. Uns selbst zuzulächeln hebt die Laune. Auch wenn es im ersten Moment vielleicht noch ein wenig gekünstelt wirkt – wenn Sie sich selbst beim Lächeln beobachten, könnte es sein, dass aus dem aufgesetzten Lächeln ganz schnell ein echtes, inneres Lachen wird. Ist das Leben nicht viel zu schön, um missmutig zu sein?

Wie wäre es, wenn Sie sich selbst zulächeln?
Können Sie sich zwischendurch immer wieder ein liebevolles Lächeln schenken?

So einfach ist es. Und so gut.

Lächeln Sie sich immer wieder selbst im Spiegel zu. Das hat garantiert eine positive Wirkung auf Ihre Stimmung.

Dankbar nehme ich
die Geschenke
der Vergangenheit und Zukunft an.

51. Ein dankbarer Blick zurück

Drehhaltung im Stehen

Stellen Sie sich hüftbreit hin. Finden Sie Stabilität, indem Sie mit Ihren Fußsohlen Kontakt zum Untergrund aufnehmen. Ziehen Sie Ihr Steißbein sanft nach vorne und richten Sie Ihren Oberkörper auf. Wachsen Sie über Ihren Scheitel nach oben. Nun bringen Sie das linke Bein vor das rechte und stellen den linken Fuß rechts neben den rechten. Die Fußaußenkanten sind parallel und auf gleicher Höhe. Breiten Sie mit dem Einatmen die Arme seitlich aus, wobei die Schultern ganz entspannt bleiben. Mit dem Ausatmen drehen Sie sich aus dem Becken heraus nach links. Achten Sie darauf, dass die Arme in einer Linie bleiben. Mit jedem Einatmen lassen Sie Ihre Wirbelsäule lang werden, mit jedem Ausatmen verstärken Sie die Drehung. Der Blick geht über die hintere Hand in die Ferne. Nach einigen Atemzügen kommen Sie wieder in die Mitte und spüren kurz nach, bevor Sie die Seiten wechseln. Können Sie wahrnehmen, wie durch den Blick zurück eine neue Perspektive für die Zukunft entsteht?

Diese Übung macht die Wirbelsäule flexibel, fördert die Durchblutung der Verdauungsorgane und eröffnet neue Perspektiven.

Es lohnt sich, manchmal auch einen Blick zurückzuwerfen. Was haben wir schon alles erlebt? Welche Geschenke hat das Leben uns gebracht? Und welche Herausforderungen? Wenn wir zurückschauen, können wir stolz den Weg sehen, den wir schon gegangen sind.

Was sehen Sie, wenn Sie zurückblicken?
Können Sie all die Erfahrungen und Geschenke wertschätzen?

Für einen Moment vollkommen stillstehen, zwischen Vergangenheit und Zukunft verweilen, in der Gegenwart, ganz im Jetzt. Zurückschauen, anerkennen und annehmen, um dann wieder nach vorne zu blicken. Aus der Erfahrung und der Integration des Bisherigen entsteht die Gewissheit, auch die Zukunft gestalten zu können. Ein Blick zurück und ein Schritt nach vorne – so lässt sich ganz spielerisch das Gleichgewicht wahren.

Finden Sie eine Erfahrung aus Ihrem bisherigen Leben, für die Sie dankbar sind und auf die Sie richtig stolz sein können. Das stärkt Sie für Ihren weiteren Weg.

Ich liebe mich selbst mit allem, was zu mir gehört.

52. Mich selbst umarmen

Wohlige Schaukel

Legen Sie sich in entspannter Rückenlage auf eine weiche Matte oder eine Decke, ziehen Sie die Knie zur Brust und umschlingen Sie sie mit den Armen. Wenn Sie möchten, können Sie nach ein paar tiefen Atemzügen Ihren Kopf so weit zu den Knien heben, wie es für Ihren Nacken angenehm ist. Ihre Schultern ruhen weiterhin entspannt auf dem Boden. Verweilen Sie entweder in dieser Haltung oder schaukeln Sie sanft nach links und rechts, um Ihrem Rücken eine wohlige Massage zu schenken. Führen Sie diese Bewegung ganz in Ihrem eigenen Tempo durch und genießen Sie die Wärme, die dadurch im Rücken entsteht.

Können Sie aufrichtige Zuneigung und ein liebevolles Gefühl für sich selbst empfinden, während Sie sich innig umarmen?

Diese Schaukelbewegung ist eine Wohltat für den Rücken. Sie entspannt und beruhigt und fördert unsere Fähigkeit zur Selbstliebe.

Wer ist der wichtigste Mensch auf der ganzen Welt? Sie selbst natürlich. Denn Sie sind der Mensch, mit dem Sie Ihr ganzes Leben verbringen. Sie sind der Körper, der Geist, die Seele und alles, was Sie ausmacht. Sie sind ein Wunder der Natur und ein göttliches Wesen zugleich. Sie sind einzigartig als Individuum und gleichzeitig eingebunden in ein größeres Ganzes.

Können Sie sich selbst als Wunder sehen?
Können Sie Ihre Einzigartigkeit bejahen?

Wenn wir uns selbst als Ganzes betrachten, dann werden wir ehrfürchtig und dankbar. Mit unserer Existenz nehmen wir einen einzigartigen Platz im Universum ein und erfüllen unsere Lebensaufgabe.

Es tut gut, umarmt zu werden. Diese liebevolle Geste können wir uns auch jederzeit selbst schenken: Ich umarme mich, weil ich mich liebe.

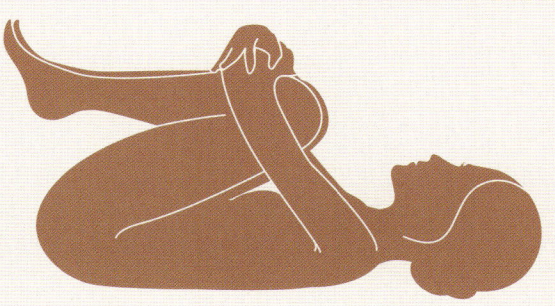

Schenken Sie sich selbst immer wieder eine Umarmung. Selbst wenn Sie diese nur in Ihrer Vorstellung ausführen, tut Ihnen das gut!

*Jeder Tag ist eine Reise,
und die Reise an sich ist das Zuhause.*

Matsuo Basho (1644–1694)

Weiterführende Literatur

Gütlinger, Eva: Easy – Mit Leichtigkeit das Abenteuer Leben gestalten. Ennsthaler, 2011.

Hirschi, Gertrud: Mudras. Die wundervolle Kraft des Finger-Yoga. Kailash, 2006.

Hirschi, Gertrud: Yoga für Seele, Geist und Körper. Übungen für 52 Wochen. Via Nova, 2009.

King, Serge Kahili: Ihr Körper glaubt, was Sie ihm sagen. Aurum, 2002.

Kutschera, Gundl / Weiner, Christine: Wer schön sein will, muss sich lieben. Sinnliches Selbstcoaching für Frauen. Kösel, 2006.

Ohlig, Adelheid: Die bewegte Frau. Luna Yoga für Gesundheit und Lebenslust. Nymphenburger, 2007.

Ray, Reginald A.: Die Intelligenz des Körpers. Buddhistisch inspirierte Körperarbeit als Schlüssel zur Heilung und Selbstverwirklichung. Windpferd, 2010.

Röcker, Anna E.: Jede Woche ein Stück vom Glück. Achtsamkeits- und Yogaübungen für ein entspanntes Jahr. Südwest, 2011.

Röcker, Anna E.: Die Spiritualität des Körpers. Mit Leib und Seele leben. Integral, 2002.

Storch, Maja / Cantieni, Benita / Hüther, Gerald / Tschacher, Wolfgang: Embodiment. Die Wechselwirkung von Körper und Psyche verstehen und nutzen. Huber, 2011.

Thoele, Sue Patton: Anleitungen zur inneren Harmonie. Knaur, 2001.

Trökes, Anna: Das große Yoga-Buch. Gräfe und Unzer, 2010.

Vopel, Klaus W.: Die Weisheit des Körpers. Phantasiereisen und Meditationen. Iskopress, 2008.

Wolff, Christiane: Yoga des Herzens. Die Kraft der Liebe erleben. Knaur, 2008.

Danksagung

Das Buchprojekt »Auf der Reise zu mir« war auch auf unserer eigenen Reise ein wichtiger Schritt. Es hat uns geholfen, uns selbst noch ein Stück besser kennenzulernen, und uns herausgefordert, auch im eigenen Leben genau zu hinterfragen, wo und wie wir zu mehr Harmonie beitragen können.

Wir möchten all jenen Menschen danken, die uns auf diesem Weg begleitet und unterstützt haben, all unseren Lehrerinnen und Lehrern, vor allem aber unseren Seminar- und Kursteilnehmer/innen. Ohne die vielfältigen und wesentlichen Dinge, die wir von ihnen gelernt haben, wäre dieses Buch nicht möglich gewesen.

Unser besonderer Dank gilt Stefanie Heim, die das Projekt bei Südwest geleitet hat, für die wunderbare Zusammenarbeit, unseren Lektor/innen und Testleser/innen Annette Jäckel, Gerhard Habring, Judith Kirchmayr-Kreczi und Katja Haller sowie Günter Touschek für Inspiration und fotografische Unterstützung.

Über die Autorinnen

Eva Gütlinger

Eva Gütlinger, geboren 1970, hat Soziologie studiert und war lange im Kulturmanagement tätig. Seit 2003 ist sie selbstständige Trainerin und Coach mit den Schwerpunkten Schlüsselkompetenzen, Train-the-Trainer, Spirituelle Arbeit und Persönlichkeitsentwicklung. Sie beschäftigt sich intensiv mit schamanischen Traditionen und der Integration alten Wissens in moderne ganzheitliche Zusammenhänge. Mehr Informationen erfahren Sie im Internet unter: www.evaguetlinger.com

Kirsten Commenda

Kirsten Commenda, geboren 1973, hat Lehramt Mathematik/Physik und Qualitätsjournalismus studiert. Sie ist diplomierte Yogalehrerin und ImpulsStrömen-Practitioner und außerdem als Moderatorin, Trainerin und in der Erwachsenenbildung tätig. Sie beschäftigt sich intensiv mit fernöstlichen Philosophien und deren Transfer in westeuropäische Kontexte. Mehr Informationen erfahren Sie im Internet unter: www.inspirio.at

Bildnachweis

Illustrationen: Nina Rode

Fotografien:

Corbis München:
12 (José Fuste Raga)
16 (Mike Grandmaison)
20 (moodboard)
24 (Tony Azzura)
26 (Alan Majchrowicz)
30 (Henri Georgi)
44 (Christophe Boisvieux)
50 (Shigeki Matsuoka)
52 (Scott Barrow)
54 (Alison Wright)
56 (Pete Saloutos/
Blend Images)
58 (Frank Lukasseck)
78 (Martin Puddy)
84 (Pam McLean)
86 (Dave Michaels)
96 (Hans Strand)
100 (Arctic-Images)
102 (Photosindia)
106 (Roy McMahon)
108 (Hugh Sitton)
116 (Nik Wheeler);

gettyimages München:
14 (Buena Vista Images)
18 (Jupiterimages)
22 (Rob Millenaar)
28 (Massimo Pizzotti)
34 (Angelo Cavalli)
36 (Lisa Stirling)
42 (Frank J. Wicker)
60 (C. Aranega)
62 (Chris Walsh)
64 (Chris Burrows)
66/72 (Martin Puddy)
68 (Hirokazu Yamanouchi)
70 (Steve Satushek)
74 (twomeows)
76 (Keren Su)
80 (Dinesh Khanna)
90 (Frank Krahmer)
94 (Danita Delimont)
98 (Flickr_bbq)
104 (Alexandre Fundone)
110 (Gavriel Jecan)
112 (Pete Turner)
114 (James Randklev);

istockphoto:
32 (Egor Mopanko)
38 (sidsnapper)
40 (Ines Koleva)
48 (Jasmina)
82 (Sava Alexandru)
88 (Borut Trdina)
92 (David Fenner);

shutterstock:
U1 (Hauptmotiv/
Chee-Onn Leong
Ornament/blue67design
Figur/Mahesh Patil)
46 (Elena Elisseeva);

Touschek Günter:
Autorenfoto

Impressum

© 2012 by Südwest Verlag, einem Unternehmen der Verlagsgruppe Random House GmbH, 81673 München

Alle Rechte vorbehalten. Vollständige oder auszugsweise Reproduktion, gleich welcher Form (Fotokopie, Mikrofilm, elektronische Datenverarbeitung oder durch andere Verfahren), Vervielfältigung, Weitergabe von Vervielfältigungen nur mit schriftlicher Genehmigung des Verlags.

Hinweis: Das vorliegende Buch ist sorgfältig erarbeitet worden. Dennoch erfolgen alle Angaben ohne Gewähr. Weder die Autorinnen noch der Verlag und seine Mitarbeiter können für eventuelle Nachteile oder Schäden, die aus den im Buch gegebenen Hinweisen resultieren, eine Haftung übernehmen.

Mein Ratgeberportal – villavitalia.de

Redaktionsleitung: Silke Kirsch
Projektleitung: Stefanie Heim
Redaktion: Isabella Kortz, www.isabella-kortz.de
Satz und Produktion: Knipping Werbung GmbH, Berg bei Starnberg
Umschlaggestaltung und -konzeption: zeichenpool
Layoutkonzeption: zeichenpool
Bildredaktion: Sabine Kestler
Litho: Artilitho snc, Lavis (Trento)
Druck und Verarbeitung: Leo Paper Products, Hongkong
Printed in China

MIX
Papier aus verantwortungsvollen Quellen
FSC® C020056

ISBN: 978-3-517-08811-2
817 2635 4453 6271

ÖSTLICHE WEISHEIT FÜR DEN WESTLICHEN ALLTAG

Anna E. Röcker

Jede Woche ein Stück vom Glück

Achtsamkeits- und Yogaübungen für ein entspanntes Jahr

südwest

ISBN 978-3-517-08699-6

Mit diesem Jahresbegleiter räumen Sie Ihrem persönlichen Glücksweg einen festen Platz im Alltag ein – mit Anregungen, Denkanstößen und praktischen Yoga- und Achtsamkeitsübungen für jede Woche im Jahr.

südwest
MEHR VOM LEBEN

www.suedwest-verlag.de